ISBN 3-929638-35-5

www.newbusinessdimensions.com

Verwandeln Sie Ihr Büro in ein virtuelles Unternehmen

Bart Piepers • Marcel Storms

avedition

THE ONLY LIMITS ARE,

AS ALWAYS, THOSE OF VISION

James Broughton

One sees great things
from the valley,
only small things
from the peak

G.K. Chesterton

www.newbusinessdimensions.com

Turning your office into a virtual enterprise

Site map

Vision

Vision in practice

Virtual communities

Business partners

To order the book

Please contact

Links

Inhalt

The aim is to create the space to enable everyone's talents,

qualities and ideas to be put to better use. Established

habits, fixed rules and authorities will have to be abandoned.

This requires courage from everyone. The stakes are stronger

motivation, more enthusiasm, greater satisfaction and better

results. This is worth a great deal when for many people,

work is the most time-consuming activity in their lives.

And after all, you only live once!

Vorwort

Hohe Arbeitslosigkeit, geringes Wirtschaftswachstum und eine weit verbreitete Unsicherheit kennzeichnen die europäischen Volkswirtschaften zum Ausgang des 20. Jahrhunderts. Erklärungsversuche identifizieren eine Innovationskrise als Hauptursache für die unbefriedigende Entwicklung. In der Fraunhofer-Gesellschaft hat man schon länger erkannt, dass es sich dabei um eine Kommunikationskrise handelt, dass wir zu wenig miteinander reden. Mit Blick auf die traditionellen Büros in unseren Unternehmen wird klar, dass wir der Kommunikationskrise nur dann entkommen, wenn wir unsere Büros total umkrempeln: die Art und Weise, wie wir in unseren Büros sitzen, also Räume und Arbeitsplätze, wie wir zusammenarbeiten, also die Organisation, und wie wir die Zusammenarbeit unterstützen, also die eingesetzte Informations- und Kommunikationstechnik (IuK).

Schon heute lässt sich sagen, dass es das uns allen bekannte Büro im kommenden Jahrhundert nicht mehr geben wird. Man wird nicht mehr in einer zentralen Struktur, an einem bestimmten Ort und zu festen Zeiten arbeiten. Dank der modernen IuK wird jeder einzelne entscheiden, mit wem, wo und wann er arbeitet. Starre Unternehmensstrukturen lösen sich auf, virtuelle Unternehmen entstehen, der angestellte Arbeitnehmer wird immer häufiger zum selbständigen Auftragnehmer, der Wissen projektbezogen anbietet.

Dies ermöglicht vollkommen neue Formen der Zusammenarbeit von Menschen und Unternehmen. An die Stelle von festen Organisationsstrukturen und abgrenzbaren Leistungen treten fließende, durchlässige Arbeitsprozesse, deren Abgrenzungen zu Lieferanten, Kunden und der eigenen internen Struktur sich ebenfalls ständig verändern. Die unterschiedlichsten Ausprägungen sind denkbar: Virtuelle Arbeitsplätze außerhalb des Unternehmens, die über IuK in das innerbetriebliche Geschehen eingebunden sind. Daneben gibt es das nonterritoriale Büro, das heisst, Mitarbeiter arbeiten nicht an fest zugewiesenen Plätzen, sondern wählen jeweils einen für ihre Aufgabe

optimal gestalteten Arbeitsplatz aus. Solche Konzepte funktionieren nur, wenn die für die Arbeit notwendigen Informationen und Dokumente netzbasiert zur Verfügung stehen.

Büros, in denen die angesprochenen Szenarien verwirklicht werden können, gibt es bis heute nur wenige. Methodisches Wissen des 'Change Management' zum Büro der Zukunft ist noch nicht Standard. Umso mehr ist der Mut der Autoren zu würdigen, die in diesem Buch Grundlagen, Methoden sowie interessante Fallbeispiele zusammengetragen haben. Ziel ist, das Büro der Zukunft nicht nur vorauszudenken, sondern am Beispiel von Unternehmen, die erfolgreich neue Konzepte in die Praxis umgesetzt haben, zu zeigen. Ich hoffe, dass das Buch allen Interessierten wertvolle Anregungen zur kreativen Entwicklung und konkreten Umsetzung von Ideen für innovative Arbeitskonzepte gibt.

Peter Kern
Prof. Dr.-Ing.

Vorwort der englischen und niederländischen Ausgabe
Unsere Arbeitswelt befindet sich im Umbruch. Millionen von Menschen haben sich weltweit aus ihren Bürostühlen erhoben und ihre Büros verlassen. In unerwarteten Zahlen sind sie zu einem neuen Standort umgezogen, den es vor zehn Jahren noch gar nicht gab. Das World Wide Web ist das Zuhause für das Büro der Zukunft - und der Gegenwart.

Bart Piepers und Marcel Storms legen das Negativ der Zukunft von einer virtuellen Arbeitswelt in einen dreidimensionalen Fotoentwickler. Das zum Vorschein kommende Bild ist tiefgründig, originell, herausfordernd und einzigartig.

*Was bedeutet es, in dieser neuen Welt zu arbeiten? Brauchen wir noch zentrale Büros? Welche Verantwortung übernehmen die Menschen in diesen neuen Strukturen? Was ändert sich für sie? Wo **befindet** sich die Arbeit, wenn diese in einer virtuellen Dimension*

'Come to the edge,' he said

They said, 'we are afraid'

'Come to the edge,' he said

They came,

He pushed

He pushed them...

And they flew.

(Guillaume Apollinaire)

stattfindet, die immer offen und zugänglich ist, ganz egal wo man sich gerade befindet? Welchem Zweck dient es den zusammenarbeitenden Menschen, sich zu treffen? Wie eng ist der Kontakt zwischen Mitarbeitern und Kunden? Was geschieht mit dem Management, wenn die Mitarbeiter in einem Projekt ihr Budget, ihre Zeiteinteilung und sogar sich selbst managen?

Dies sind entscheidende Fragen - Schlüsselfragen in unserer Zeit.

Ein jeder ist Unternehmer. Das Grand-Café ist der Treffpunkt für virtuelle Geschäftstätigkeiten. Transparenz und Verantwortung in finanziellen Ergebnissen hinsichtlich der verrichteten Arbeit. Erweitertes Wissen und eine positive Haltung erhöhen den Wert menschlichen Kapitals. Mut und Überzeugung, Bekanntes abzulegen.

Für die Autoren des vorliegenden Buches ist das World Wide Web das 'zentrale Verbindungselement' in der Unternehmenswelt. Das World Wide Web relativiert den Raum, verkürzt die Zeit und löst Entfernungen auf. Alle Informationen sind überall und jederzeit verfügbar; Kommunikation ist unabhängig vom Standort.

Die Nutzung der **Internet Technologie** ist einer der drei Aspekte des neuen Unternehmensmodells der Autoren. Ebenso wichtig sind nach Meinung der Autoren **Netzwerkstrukturen**, in denen Teams als 'Unternehmen innerhalb des Unternehmens' die Mauern zwischen den Firmen auflösen, sowie die sogenannten **Business Clubs**. Die Business Clubs führen der Arbeit eine völlig neue Qualität zu, die zu Erfahrungen, Coaching und Lernen anregt.

Das vorliegende Buch ist nicht nur Theorie. Piepers und Storms illustrieren ihre Arbeit mit numerischen Trends und überzeugenden Fallstudien sehr sorgfältig. Die Zukunft, über die sie schreiben, ist hier und jetzt und es liegt an uns, diese Chance zu nutzen.

Jessica Lipnack und Jeffrey Stamps

Logic takes you from A to B, imagination everywhere

(Alfred Einstein)

imagination

Thanks to the possibilities of the present technology,

teams are no longer restricted to fixed members,

time zones, distances or even to the boundaries of an

organisation. Now we talk about virtual teams, virtual

communities or virtual businesses that collaborate

cleverly and effectively without limitations or borders.

People work together in the collective interest and the

rules of play are agreed beforehand. We work with

contracts that are completed structurally or provisionally

(per project). The team is a business within the business.

1.   Einleitung

Wir leben in einer Zeit voller Herausforderungen. Eine Zeit, in der Menschen und Organisationen mit zahlreichen neuen Möglichkeiten und Chancen zu tun haben. Wahrscheinlich gab es nie zuvor im Laufe der Zeit so zahlreiche aufeinanderfolgende Veränderungen und neue Entwicklungen wie heute. Die Zeitungen sind voll mit Artikeln über Fusionen, Übernahmen, Internet, E-Commerce, Mobilität und sich wandelnde Arbeitsmethoden.

Zahlreiche Managementexperten sprechen von 'New Economy'. An der Basis dieser 'Neuen Wirtschaft' zeichnen sich beträchtliche Entwicklungen auf dem Gebiet der Kommunikationstechnologie ab. In kürzester Zeit haben Email und Internet ihren Einzug gehalten, doch stecken die langfristigen Konsequenzen noch in den Kinderschuhen. Täglich werden neue Anwendungen entwickelt und die Anzahl der Benutzer steigt drastisch. Wir befinden uns auf dem Weg, unsere traditionelle Wirtschaft gegen eine neue Wirtschaft einzutauschen, welche auf elektronischer Kommunikation und elektronischem Handel beruht.

In Ihrem Buch 'Virtual Teams' schreiben Lipnack und Stamps über Netzwerkorganisationen, die räumliche, zeitliche und organisatorische Grenzen überschreiten. Kevin Kelly 'New Rules for the New Economy' beschreibt eine neue Realität, in der digitale Kommunikation die treibende Kraft der Wirtschaft ist. Es ist nicht verwunderlich, daß Kelly, Experte auf dem Gebiet der Informationstechnologie, dieses Buch geschrieben hat. Viele teilen jedoch seine Meinung. Auch einflußreiche Wirtschaftsleute wie Shapiro und Varian 'Information Rules, A Strategic Guide to the Network Economy', sowie Soete und Krugman erkennen, daß wir in einer neuen Wirtschaftsepoche leben, in der virtuelle Netzwerke, digitale Kommunikation und endlose Größeneffekte die alte Wirtschaft ablösen.

Of course, denial will not do any good. We have to think and talk to each other about it and, above all, we need a vision. With this publication we hope to make a contribution to the discussion and to offer a perspective for the confrontation with the path towards the future. In doing so, the most important things are awareness and a mental switch. Examining your own position against the light of the future takes some courage but we are certainly better off doing it ourselves than waiting until others do it for us.

Sogar die Frage, in wie weit große multinationale Konzerne in der neuen Netzwerk-wirtschaft lebensfähig sind, ist gerechtfertigt. Malone und Laubacher beschreiben in ihren Artikel 'The Dawn of E-Lance Economy' auf sehr angenehme und überzeugende Art und Weise eine Zukunftsvision, in der große Organisationen von kleinen flexiblen Teams bzw. virtuellen Unternehmen abgelöst werden.

Viele sehen diese Entwicklung als eine Bedrohung an. Dies ist verständlich und eine natürliche menschliche Reaktion, der wir in allen Etagen bis hin zu Management und Politik begegnen. Es gibt nämlich auch viel zu verlieren. Anstrengungen von Jahren und aufgebaute Positionen und Posten stehen zur Diskussion. Es gibt zunehmend weniger formelle Sicherheit.

Leugnen hilft natürlich nicht weiter. Wir müssen darüber nachdenken und miteinander reden und vor allem brauchen wir eine Vision. Wir hoffen, mit dem vorliegenden Buch einen Beitrag zu dieser Diskussion zu liefern sowie eine zukunftsträchtige Perspektive für eine Auseinandersetzung zu bieten. Das wichtigste hierbei ist Bewußtwerdung und mentales Umdenken. Die eigene Position gegen das Licht der Zukunft halten zu müssen ist nicht einfach, aber wir können es doch besser selbst tun, als abzuwarten, bis andere es für uns tun.

Nach einer allgemeinen Einführung in Kapitel 2 stellen wir in Kapitel 3 ein theoretisches Modell vor. Dieses Modell dient als Hilfsmittel für Organisationen zur Bestimmung ihrer eigenen Position und zur Definition einer Entwicklungsphase. In Kapitel 4 gehen wir detailliert auf Beispiele von Unternehmen ein, die bereits erfolgreich neue Wege einge-schlagen haben. Zuletzt beschreiben wir in Kapitel 5, wie man eine Entwicklungsphase angeht.

ONCE

If you obey all the rules,
you miss
all the fun

Katherine Hepburn

Even the question as to the extent to which

large multinationals are viable in the new

network economy is justified. In their article,

'The Dawn of the E-Lance Economy', Malone

and Laubacher describe in an exciting and

convincing manner a vision of the future in

which large organisations are replaced by

small flexible teams or virtual businesses.

2.   www.newbusinessdimensions.com

In den Medien wird viel über die Auswirkungen des Internets auf den Verbrauchermarkt gesprochen. Beispiele wie digitale Buchläden, elektronisches Banking und elektronische Reisebüros bestimmen das Bild. Gleichzeitig, doch wesentlich diskreter, ist die Art und Weise, auf die sich Unternehmensprozesse fundamental verändern. Nach Forrester Research steht E-Commerce in den USA am Anfang einer neuen Phase exponentiellen Wachstums: es wird hierbei auf den Handel zwischen Unternehmen und in geringerem Maße auf den Handel mit Verbrauchern abgezielt. Es wird erwartet, daß sich der digitale Handel zwischen Unternehmen in den kommenden fünf Jahren jährlich verdoppeln wird und sich so von einem Wert von 43 Milliarden Dollar im Jahre 1999 auf 1.300 Milliarden Dollar im Jahre 2003 erhöhen wird. Im gleichen Zeitraum wird das Wachstum auf dem Verbrauchermarkt nach diesen Schätzungen von 8 Milliarden auf 108 Milliarden Dollar (The Economist) steigen.

Die genannten Zahlen sind nur die Spitze des Eisbergs. In den Umsatzzahlen kommen nämlich lediglich der direkte verkaufsgebundene Gebrauch des Internets zum Ausdruck. Das gänzliche Ausmaß bzw. die Auswirkungen der Kommunikationstechnologie auf das Funktionieren von Organisationen ist um Vielfaches größer. Der Gebrauch der neuen Technologien betrifft nämlich auch Informations- und Wissensaustausch, virtuelle Organisationen, Groupware, Vertragsabschluß, Research und Verwaltung, welche gemeinsam ganze Unternehmensprozesse neu definieren. Nachdem wir uns jahrelang damit beschäftigt haben, interne Informationssysteme aufzubauen, werden nun Grenzen verschoben und die externe Kommunikation zentral gestellt. Für fast alle Unternehmen ist diese neue externe Dimension - darunter Kundenkontakt, Marktforschung, externe Zusammenarbeit und Profilierung - für die Unternehmens-ergebnisse und den Erfolg viel kritischer.

Die Türen stehen offen. Nicht länger sind wir auf unsere kleine Welt beschränkt, in der verfügbare Informationsquellen auf unser Archiv und auf unsere direkten KollegInnen

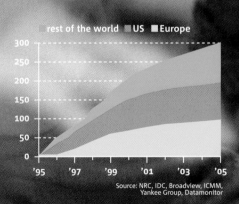

rest of the world ■ US ■ Europe

300
250
200
150
100
50
0

'95   '97   '99   '01   '03   '05

Source: NRC, IDC, Broadview, ICMM,
Yankee Group, Datamonitor

Fig. 1: People with Internet connections
(in millions)

im Büro beschränkt sind. Über Webseiten sind wir nur wenige Sekunden von Informationen aus der ganzen Welt entfernt und können weltweit Kontakte schaffen. Es hat lange gedauert, bevor die Politiker und die Unternehmensführungen die Bedeutung der neuen Entwicklungen eingesehen haben. Nachdem zahlreiche Unternehmen als Beispiel vorangegangen sind, ist nun deutlich, wie groß die Konsequenzen bzw. Auswirkungen sind. Die Bedeutung wird durchaus erkannt. Als Beispiel wollen wir den britischen Premierminister Tony Blair nennen. Er hat eine Satzung über die Förderung des E-Commerce vorgestellt (E-commerce@its.best.uk). Sein Anspruch dabei ist, daß das Vereinigte Königreich der geschäftigste virtuelle Marktplatz weltweit wird (NRC, 14.09.1999). Derzeit sind die USA, Kanada und Australien in der Entwicklung von E-Commerce am weitesten fortgeschritten. In Europa sind vor allem Deutschland und Frankreich führend. Gleichzeitig mit der Ankündigung der britischen Initiative haben sich in Paris Spitzenunternehmer zu Gesprächen über die Entwicklung des E-Commerce getroffen. Topmanager von Unternehmen wie Bertelsmann (Initiatoren), Walt Disney, Time Warner, Amerika Online (AOL), Deutsche Bank, Nokia, NTT, ABN AMRO und Stellvertreter der amerikanischen und europäischen Behörden sprechen über den Rahmen, in dem die neue Technologie sich in Zukunft entwickeln kann. Themen wie Personendaten, Verbraucherbeschwerden, Steuererhebungen und Qualitätsmerkmale sind nach der starken Entwicklung des Internets in den vergangenen Jahren für die zukünftige Entwicklung des E-Commerce bestimmend (Figur 1).

Unternehmensführung

Wie sieht es mit der Zukunft unserer Wirtschaft aus und was bedeutet dies für die Arbeitsweise von Organisationen? Über die Antwort auf diese Frage gehen die Meinungen auseinander, aber hinsichtlich der Richtung gibt es deutliche Übereinstimmungen.

Anstelle traditioneller bürokratischer Strukturen entwickeln sich zahlreiche Organisationen nach einfachen Strukturen hin, in denen flexibel in wechselnden Teams und Projekten zusammengearbeitet wird. Zunehmend wird dabei der Schwerpunkt auf

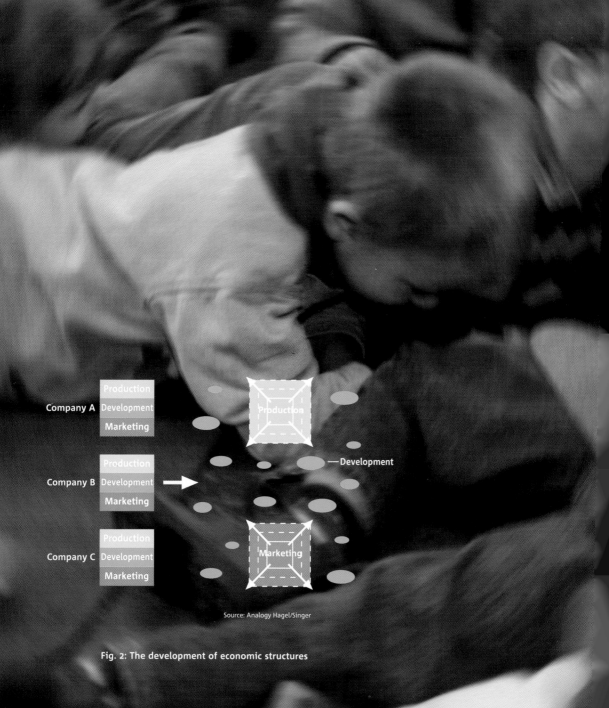

Company A | Production / Development / Marketing

Company B | Production / Development / Marketing →

Company C | Production / Development / Marketing

Production

—Development

Marketing

Source: Analogy Hagel/Singer

Fig. 2: The development of economic structures

ergebnisorientiertes Arbeiten und eine unternehmerische Unternehmensstruktur gelegt. Hagel und Singer gehen in ihrem Buch 'Net Worth - Shaping Markets when Customers Make the Rules' sogar so weit, daß sie über eine fundamentale Neuorientierung von Unternehmensaktivitäten sprechen. Traditionell besteht eine Organisation aus einem Produktionsapparat, einem Marketingapparat und aus Entwicklungsaktivitäten - alles unter einem Dach. Diese Arbeitsweise wollen sie zur Diskussion stellen (Figur 2)

Sie sehen eine Entwicklung, in der an zwei Fronten Megaunternehmen stehen. Einerseits auf der Produktionsseite, wo kapitalintensive Anlagen verschiedener Unternehmen zu großangelegten spezialisierten Produktionsunternehmen zusammengefügt werden. Wir sehen dies beispielsweise im Bankensektor, in der Automobilindustrie und auch in der IT-Branche, besonders überall dort, wo von einer kostspieligen technischen Infrastruktur die Rede ist. Andererseits sehen wir heute auch im Marketingbereich eine zunehmende Konzentration von Aktivitäten. Es sind große Investitionen nötig, um mit zahlreichen Abnehmern ein Vertrauensverhältnis aufzubauen. Dies geht einher mit großen Datenbanken mit Kundeninformationen, die großangelegt für eine möglichst breite Produktpalette eingesetzt werden. Der Wert solcher Bestände ist stark gestiegen. Beispiele dazu finden sich im Bankensektor, in der Verlagswelt, in der Automobilindustrie und bei zahlreichen Internet-Vermittlern.

Als dritte und wichtigste Hauptaktivität sind die Entwicklungsaktivitäten zu nennen. Diese sind ein zunehmend kritischer Erfolgsfaktor. Sie sind stark von Wissen, Kreativität, Zusammenarbeit und Flexibilität abhängig. Dabei ist nicht die Rede von Größenvorteilen, aber es sind gerade kleine, wechselnde Teams, die für den Erfolg maßgeblich sind. Diese Teams sind stets weniger an die Grenzen eines Unternehmens gebunden. Häufig sind sie multidisziplinär zusammengestellt und es arbeiten interne und externe Mitarbeiter zusammen. Zweifelsohne steht der Mensch dabei im Mittelpunkt. Gerade die Entwicklungsaktivitäten sind nämlich sehr arbeitsintensiv und von Motivation, Wissen und Erfahrung des einzelnen abhängig. Wir sehen nun bereits, daß ein Mangel auf dem Gebiet hochqualifizierten Personals herrscht und daß zahlreiche Unternehmen

dvg

I think there is a world market for maybe five computers. (Thomas Watson)

die Anwerbung und vor allem die Entwicklung des Menschen als eine ihrer strategischsten Aktivitäten ansehen.

Es wird zunehmend an die Kreativität und das Unternehmertum des Menschen appelliert. Der Wert des menschlichen Kapitals ist in der Wissenswirtschaft von wesentlich größerer Bedeutung als das physische Kapital. Dies zeigt sich beispielsweise an den großen Abweichungen zwischen Börsen- und Buchwert von Unternehmen. Das Wissenskapital wird traditionell jedoch nicht durch Unternehmen aktiviert und ist daher nicht Teil des Buchwertes. Daß die Investoren sich dieser virtuellen Werte durchaus bewußt sind, zeigt sich aus den großen Unterschieden zwischen Börsen- und Buchwert. Die Werte immaterieller Dinge wie Markennamen, Patente, Software, Ideen und Fachwissen steigen stets weiter über den Wert traditioneller Aktiva, wie Gebäude, Maschinen und Finanzmittel, hinaus.

Skandia, eine schwedische Banken- und Versicherungsgruppe, ist einer der Vorläufer bei der Bewertung immaterieller Aktiva. Das dänische Ministerium für wirtschaftliche Angelegenheiten entwickelt Richtlinien für die Bewertung. Es wird mit 20 Unternehmen zusammengearbeitet, die eine Wissenskapitalrechnung erstellen. Die Zeitschrift CFO (Nebenausgabe von The Economist) hat ebenfalls versucht, das Wissenskapital zu bewerten. Die Ergebnisse sind verblüffend: Das Wissenskapital des Pharmakonzerns Merck wird auf 48 Milliarden Dollar geschätzt. Der Buchwert beträgt lediglich 12 Milliarden Dollar. Der Börsenwert liegt gerade bei 140 Milliarden Dollar. Für andere Unternehmen (wie beispielsweise Unternehmen auf dem medizinischen Sektor, in der Chemie oder der Verbraucherproduktion) zeichnen sich vergleichbare Resultate ab (Intermediair, 24.06.99).

Kommunikationstechnologie

Aber das ist lediglich der heutige Stand. Experten sagen voraus, daß Entwicklungen auf dem Gebiet der Kommunikationstechnologie schnell vorangehen werden. Die USA ist Europa auf dem Gebiet der Anwendung von E-Commerce um etwa 3 Jahre voraus.

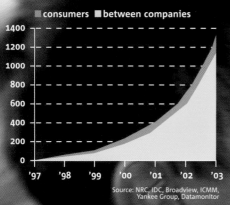

Fig. 3: Trade via the Internet
(in billions of dollars)

Source: NRC, IDC, Broadview, ICMM,
Yankee Group, Datamonitor

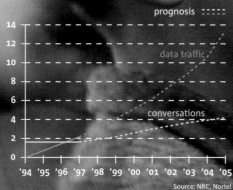

Fig. 4: Telecom traffic in the US
(in billions of gigabits)

Source: NRC, Nortel

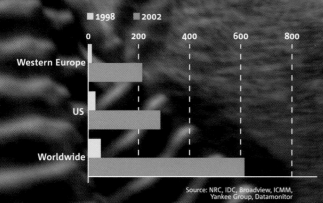

Fig. 5: Turnover of trade via the Internet
(in billions of dollars)

Source: NRC, IDC, Broadview, ICMM,
Yankee Group, Datamonitor

E-Commerce macht es via Internet möglich, digitale Transaktionen durchzuführen und diese zu bezahlen. Der heutige Umsatz auf dem Gebiet des E-Commerce wird, wie bereits genannt, auf ca. 43 Milliarden Dollar geschätzt. Vorausgesagt wird ein weltweiter Umsatz von etwa 1.300 Milliarden Dollar im Jahre 2003 (Figur 3, 4 und 5).

Eine andere Entwicklung auf dem Gebiet der Informationstechnologie ist die Anwendung von Groupware. Groupware ist eine Informationsplattform, auf der zahlreiche Informationsströme zusammentreffen, wie beispielsweise Internetverkehr, digitale Archivierung und Wissenssysteme. Große Anbieter von Groupware sind Lotus Notes, Novell Groupwise und MS Exchange. Weltweit hat Lotus Notes bereits Millionen Benutzerlizenzen. Sofern man seinen Betriebsserver an das Internet anschließt, kann man mittels eines derartigen Groupware-Paketes alle Unternehmensinformationen von jedem beliebigen Arbeitsplatz aus erreichen. Für ein großes Projekt können alle betroffenen Unternehmen eine gemeinsame Informationsplattform auf einem gemeinsamen Server entwickeln. Schließt man diesen Server an das Internet an, können alle Betroffenen vom Büro, von Zuhause, von Internetcafes und beliebigen anderen Büros aus dem Prozeß einen Mehrwert geben.

Es ist interessant zu sehen, daß Unternehmen wie Cisco, Dell und Sony, die die neuen Möglichkeiten sehr gut kennen, das Internet in ihrer Unternehmensstrategie in den Mittelpunkt stellen. Cisco und Dell lassen ihre gesamte Unternehmensführung über das Internet laufen. Sony hat bekanntgegeben, daß Produkte wie PCs, Musik sowie Finanzdienstleistungen direkt über das Internet verkauft werden.

Büro

Die Technik macht es möglich, daß Menschen für die Verrichtung ihrer Arbeit allein von einem Computer und den Zugang zu Server bzw. Internet abhängig sind. Man kann unabhängig von Ort und Zeit Mehrwert liefern. Das Netzwerk ist das Büro geworden und das traditionelle Bürogebäude ist nicht mehr nötig und gerät in jedem Falle in eine andere Perspektive.

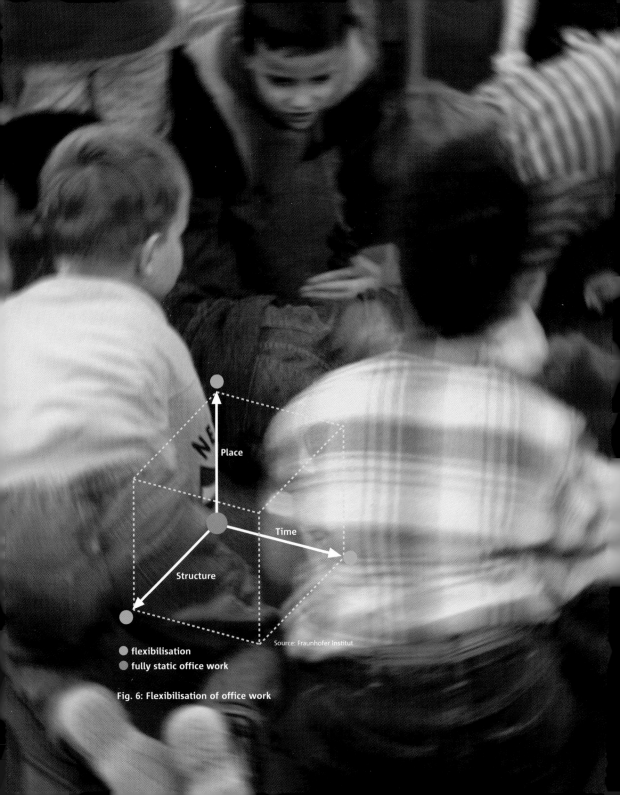

Place

Time

Structure

flexibilisation

fully static office work

Source: Fraunhofer Institut

Fig. 6: Flexibilisation of office work

Die deutsche Fraunhofer-Gesellschaft forscht auf dem Gebiet der Büroentwicklungen. In 1997 wurde das Projekt OFFICE21® gestartet. In Zusammenarbeit mit einer Anzahl großer Unternehmen, darunter die Deutsche Bank, Siemens und Hewlett Packard, werden folgende Aktivitäten ausgeführt:

- weltweite Forschung nach neuen Bürokonzepten,
- Einrichtung eines experimentellen neuen Büros in Stuttgart (Office Innovation Center) im Jahre 1999,
- Präsentation von Untersuchungsergebnissen auf der Weltmesse EXPO 2000 in Hannover.

Professor Kern, Leiter des Projektes, beschreibt die heutigen Entwicklungen anhand einer Flexibilisierung von drei Büroaspekten: Struktur, Zeit und Raum. Traditionell wird in festen Organisationsstrukturen gearbeitet, in denen ein jeder in einer festen Abteilung jahrein jahraus für festgelegte Arbeitspakete verantwortlich ist. Die Arbeits-zeiten sind ebenso wie der Arbeitsplatz vorgeschrieben. Gegenwärtig sehen wir eine Flexibilisierung der Organisationsstrukturen, der Arbeitszeiten und der Arbeitsplätze. Durch die neuen Technologien entstehen an allen Fronten neue Dimensionen, um unsere Arbeit zu gestalten (Figur 6).

Formen der Zusammenarbeit

Die Anwendung der Informationstechnologie bietet Chancen und Möglichkeiten, stellt jedoch gleichzeitig eine Bedrohung dar. Unsere täglichen Arbeitsmuster werden zur Diskussion gestellt. Menschen bleiben bei ihrer gewohnten, jahrelang vollzogenen Routine. Wollen wir die neuen Chancen nutzen, müssen wir den Mut haben, diese Gewohnheiten zu durchbrechen. Tun wir dies nicht, so werden wir früher oder später von der Konkurrenz, die dann bereits neue Wege gefunden hat und diese erfolgreich anwendet, dazu gezwungen werden. Für viele Unternehmen ist das die Realität. Die kurzfristige und mittelfristige Marktposition steht zur Diskussion. Ein einfaches Beispiel ist der Verbraucher, der mittels Internet im Ausland ein Buch kauft und seinem örtlichen Buchladen das Nachsehen gibt.

The Vision Web

Was bedeutet dies für Organisationen? Organisationen haben zunehmend das Bedürfnis, sich flexibel auf die wechselnde Nachfrage auf dem Markt einzuspielen. Um das eigene Produkt an die Nachfrage anzupassen ist eine große interne Flexibilität notwendig. Viele große Unternehmen schaffen starre hierarchische Strukturen ab, um sie durch flexiblere Teamstrukturen zu ersetzen. Innovation, Kreativität und lebenslanges Lernen stehen im Vordergrund.

Man ist davon überzeugt, daß das Unternehmertum der einzelnen Person für den Erfolg der Organisation als Ganzes eine Randbedingung ist. Darum delegiert man Verantwortungen an Teams und einzelne Personen. Den Teams und einzelnen Person wird eine Einsicht in die finanziellen Ergebnisse gegeben. Dadurch sind sie in der Lage, große Verantwortungen zu übernehmen und unternehmerisch zu handeln. Daß viele Menschen dazu in der Lage sind, zeigt sich aus Privatsituationen, bei denen beispielsweise in den Kauf eines Hauses investiert, der Haushalt führt und die Verantwortung für die Erziehung der Kinder getragen wird. Manchmal scheint es, als ob Menschen in ihrem bürokratischen Arbeitsumfeld einen Knopf drücken und diese uralten und logischen Verantwortungen nicht mehr tragen können.

Viele dieser organisatorischen Themen sind nicht neu. Managementexperten, wie z.B. Michael Hammer, haben darüber geschrieben oder haben neue Managementmethoden entwickelt. Andere, wie z.B. Ricardo Semler, haben darauf erfolgreich eine völlig neue Managementmethode umgesetzt. Ein Aspekt ist jedoch neu. Durch die Möglichkeiten der Kommunikationstechnologie werden die Entwicklungen beschleunigt und es entsteht die absolute wirtschaftliche Notwendigkeit, Organisationen zu entwickeln oder zu transformieren.

Im vorliegenden Buch werden als Beispiele dvg, Trespa International und The Vision Web beschrieben. Bei diesen Unternehmen wird den Mitarbeiterinnen und Mitarbeitern eine größere Verantwortung übertragen. Teams werden direkt auf ihr Unternehmertum angesprochen. Bei The Vision Web ist jede Mitarbeiterin und jeder Mitarbeiter Teil eines virtuellen

Shifting boundaries

Boundaries are disappearing and completely new opportunities and possibilities are being created.

 The boundaries of companies are disappearing

We work with internal and external parties

 The boundaries of communication technology are disappearing

We communicate in a worldwide virtual network

 The boundaries of the office are disappearing

It is no longer an immutable fact that we go to the office every day from 9 until 5

Unternehmens und daher verantwortlich für beispielsweise die finanziellen Ergebnisse und das Akquirieren neuer Kolleginnen und Kollegen. Es wird mit Balanced Score Cards gearbeitet und die Menschen bestimmen ihr Gehalt selbst und sind gemeinsam 100%ig beteiligt. Bei Trespa International sind Menschen z.B. für die Projektergebnisse verantwortlich und haben Mitspracherecht bei dem Verteilen von Projektgewinnen. Es ist beachtlich, daß Menschen Verantwortung übernehmen und den größten Teil an Projektgewinnen für Investitionen in die Forschung verwenden und daß ein gemeinsamer Urlaub für das Projektteam bei den Ausgaben nur einen Schlußposten bildet.

Neben den Unternehmenszielen stehen auch persönliche Ziele. Die in Umrissen beschriebene Organisationsveränderung kann zu folgendem führen: eine größere Arbeitszufriedenheit, mehr Verantwortung, mehr Abwechslung bei der Arbeit, eine Abnahme des Arbeitsdrucks oder mehr freie Zeit und eine höhere Belohnung oder das Teilen des Teamergebnisses.

Die Entwicklung, Wissensverbreitung und positive Arbeitshaltung der Menschen führt zu einer Wertsteigerung menschlichen Kapitals. Dies ist mehr oder weniger notwendig in einer Zeit, in der qualifiziertes Personal knapp ist und die routinemäßige Arbeit abnimmt. Die neue Kommunikationstechnologie sowie die Unternehmenskultur führen dazu, daß die Grenzen der Organisation verwischen. Die Frage nach dem, was intern oder extern ist, ist zunehmend schwieriger zu beantworten. Früher war dies wesentlich einfacher. Lediglich von der Spitze eines Unternehmens wurde nach außen kommuniziert, es wurden Kontakte gemacht und Verträge abgeschlossen. Die Personen in unteren Positionen der Organisation arbeiteten kaum mit externen Kontakten. Es stand nur eine kleine Tür nach außen offen. Heute ist dies nicht mehr haltbar. Die notwendige Geschwindigkeit und Schlagfertigkeit auf dem heutigen Markt ist lediglich möglich, wenn viele Türen offen stehen. Nur dann können wir in der neuen Wirtschaft mitmachen bzw. mithalten.

Innovation is daring to learn what you don't already know. (Roel Pieper)

Trespa International

Vorgehensweise

Um ein derartiges Unternehmertum in einer Organisation zu verwirklichen, ist sehr viel Aufmerksamkeit für Kultur und Verhalten notwendig. Persönliches Engagement, Offenheit und eine informelle Arbeitshaltung sind hier wichtige Erfolgsfaktoren. Man muß Fehler machen dürfen. Oft ist eine Kulturveränderung notwendig. So ein Veränderungsprozeß ist nicht mittels einer projektmäßigen Vorgehensweise zu verwirklichen, sondern hat mehr einen verfahrensmäßigen Charakter. Die gewünschten Aspekte müssen im täglichen Tun und Denken integriert werden. Die Entwicklung ist jedoch unabwendbar. Lebenslange Jobs und ein routinemäßiges Erleben der täglichen Arbeit gehören definitiv der Vergangenheit an. An zahlreichen Fronten werden neue Chancen genutzt und neue Wege eingeschlagen: virtuelle Unternehmen, Flexibilisierung bestehender Unternehmen, neue Bürokonzepte, Telearbeit, Groupware und E-Commerce.

Um diese neuen Wege einschlagen zu können muß man alte Gewohnheiten ablegen können. Beispielsweise jeden Tag zur gleichen Zeit, über den gleichen Weg, in dasselbe Bürohaus, in die gleiche Etage und das gleiche Büro gehen, um die Arbeit zwischen denselben Wänden zu verrichten. Wenn man darüber nachdenkt, kann das nicht das Zukunftsbild sein. Doch ist dies die tägliche Realität für fast alle BüromitarbeiterInnen, die gemeinsam mehr als die Hälfte der arbeitenden Bevölkerung ausmachen. Für jeden bieten sich derzeit jedoch neue Perspektiven. Unternehmen brauchen Kreativität, Innovation und Initiative. Nicht länger in routinemäßigen Aktivitäten, aber genau in diesen letzten Aspekten liegt derzeit der Mehrwert der Menschen für eine Organisation. Und genau dort liegt auch die große Chance für jeden einzelnen, den Schritt zu wagen, über den eigenen Mehrwert und die eigene Bedeutung für die Menschen um einen herum (d.h. Kunden, KollegInnen und Partner) nachzudenken.

Wollen wir einen Durchbruch schaffen, ist Kommunikation notwendig. Zunächst soll den Menschen die Situation, die Chancen und Möglichkeiten, sowie die Bedrohungen bewußt gemacht werden. Es ist eine offene Diskussion notwendig, wobei ein jeder seine Ängste und Kritik äußern kann. Nur auf diese Art und Weise kann eine gemein-

schaftliche Grundlage für eine Entwicklungsphase entstehen. Die Einbeziehung der Menschen, aber vor allem auch die Vision und Tatkraft des Managements sind für den Erfolg ausschlaggebend.

Ziel ist das Schaffen von Raum, um die Talente, Qualitäten und Ideen eines jeden besser zu nutzen. Feste Gewohnheiten, feste Regeln und Befugnisse müssen abgelegt werden. Dazu bedarf es Mut. Der Einsatz ist eine höhere Motivation, mehr Engagement sowie Zufriedenheit und bessere Ergebnisse. Dies ist viel wert und schließlich verbringt man mit Arbeiten wohl die meiste Zeit im Leben und man lebt nur einmal.

CHANGE IS

Whenever man comes up
with a better mousetrap,
nature immediately comes up
with a better mouse

James Carswell

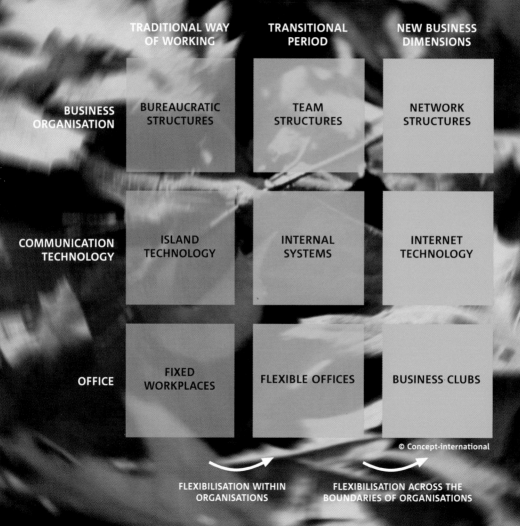

	TRADITIONAL WAY OF WORKING	TRANSITIONAL PERIOD	NEW BUSINESS DIMENSIONS
BUSINESS ORGANISATION	BUREAUCRATIC STRUCTURES	TEAM STRUCTURES	NETWORK STRUCTURES
COMMUNICATION TECHNOLOGY	ISLAND TECHNOLOGY	INTERNAL SYSTEMS	INTERNET TECHNOLOGY
OFFICE	FIXED WORKPLACES	FLEXIBLE OFFICES	BUSINESS CLUBS

© Concept-international

FLEXIBILISATION WITHIN ORGANISATIONS → FLEXIBILISATION ACROSS THE BOUNDARIES OF ORGANISATIONS →

Fig. 7: Development model www.newbusinessdimensions.com

3.   Das Modell

Die Entwicklung neuer Bürokonzepte ist in dieser Art eine einzigartige Entwicklung. Erstmals wird sehr deutlich gezeigt, daß Entwicklungen auf den Gebieten der Unternehmensführung, der Kommunikationstechnologie und des Büros miteinander verbunden sind und daß eine integrale Vorgehensweise heute notwendig ist.

Viele können vielleicht bestätigen, daß die Veränderung der Unternehmenskultur meist ein sehr mühseliger Prozeß ist. Frühere Beispiele zeigen, daß die Entwicklung einer Kulturveränderung und eine Erneuerung der physischen Arbeitsumgebung eine sehr starke Kombination ist. Gerade durch die Veränderung der Umgebung kann ein Durchbruch verwirklicht werden, wodurch jahrelange Routine tatsächlich beiseite gedrängt wird. Die Entwicklung eines neuen Büros ist derzeit jedoch auch undenkbar geworden, ohne die Kommunikationstechnologie dabei miteinzubeziehen. Beispiele um uns herum beweisen, daß wir uns selbst bereits die Frage stellen können, ob wir überhaupt ein Büro brauchen.

Es ist daher sinnvoll, die heutigen Entwicklungen näher zu beleuchten und dabei die genannten drei Aspekte als Ausgangspunkt zu nehmen. Nebenstehendes Entwicklungsmodell bildet den Rahmen, in dem wir die Entwicklungen einfügen (Figur 7).

3.1 Unternehmensführung

Im Grunde liegt die Existenzberechtigung einer jeden Unternehmensaktivität direkt oder indirekt beim Kunden. Dies gilt besonders für kommerzielle Unternehmen, doch auch zunehmend für den (halb-)öffentlichen Sektor.

Die Kontinuität eines jeden Unternehmens ist nur dann gewährleistet, wenn der Bedarf an bestehenden oder potentiellen Kunden vorhergesehen wird. Diese Kunden stellen zunehmend höhere Bedingungen und tun dies zurecht. Der Kunde fordert immer mehr eine konkurrierende Dienstleistung und hat durch die zunehmende Markttranzparenz auch stets mehr die Gelegenheit, diese zu prüfen.

The theory

Many companies are in the process of preparing

themselves for the challenges of the future. Generally

speaking, we can distinguish three phases in the way

of working:

Phase 1: The traditional way of working

Phase 2: The transitional period

Phase 3: New business dimensions

Unternehmen sehen sich daher zunehmend genötigt, Forderungen und Wünsche ihrer Kunden zu kennen und ihre Dienstleistungen auf diese abzustimmen und zu entwickeln. Traditionell war es ausreichend, um diese Kundenorientierung zentral zu regeln. Vorstand und Marketingabteilungen waren damit beschäftigt.

Derzeit ist dies jedoch nicht mehr ausreichend. Wir können zwar auf strategischem Niveau unsere Marktstrategie bestimmen, doch müssen wir auch in der täglichen Praxis unsere Kundenorientierung praktizieren. Dazu ist es notwendig, daß in jedem Falle alle MitarbeiterInnen, die Kundenkontakte haben, dies berücksichtigen. Selbst das ist meist nicht ausreichend, da auch Personen, die nur indirekt mit dem Kunden zu tun haben, durch ihren Mehrwert das letztendliche Ergebnis bestimmen.

Wir sehen derzeit zahlreiche Projekte, die darauf ausgerichtet sind, die kundengerechte Vorgehensweise zu fördern und Menschen zu Kreativität und Innovation anzuregen. Einerseits wird von den Menschen erwartet, daß sie optimal im Dienste des Kunden arbeiten, andererseits sind sie an Verfahren, Zuständigkeitsbereiche und andere interne Absprachen gebunden. Nehmen wir also unsere Kundenorientierung ernst, müssen wir für die einzelnen Personen mehr Raum schaffen, um ihre Talente und Ideen auf eine förderliche Art und Weise vermarkten zu können. In diesem Falle sprechen wir von Unternehmertum:
• über Kraft, Talent und Ambitionen einzelner Personen und Teams nachdenken,
• den daraus entstandenen Mehrwert entwicklen,
• den Kunden davon profitieren lassen,
• Initiativen und Risiken ergreifen.

Tatsächlich gilt dies für alle Personen innerhalb einer Organisation. Optimalerweise soll jeder, ob individuell oder innerhalb eines Teams, sich als kleiner Unternehmer sehen. Natürlich ist dies nicht für jeden vorbehalten, sicher nicht kurzfristig. Dies bedeutet, daß es in der Verantwortung des Managements liegt, den Weg zum Unternehmertum zu begleiten, d.h. nach und nach Personen mehr Raum und Verantwortung einzuräumen.

Phase 1: The traditional way of working

We carry out our work according to a strict regime. We have a detailled function description and work within a fixed organisational framework. To do this, we use a fixed work area where we come at fixed times every day to carry out our work. Our information has mainly been stored on paper which is usually situated in a cabinet next to our work area. We have stored part of our information digitally in a personal file on our PC. Generally speaking, we communicate via paper post, fax and partly by e-mail.

Fig. 8: From bureaucratic structures to team structures

Phase 1 Unternehmensführung: Bürokratische Strukturen

Die Merkmale einer traditionellen Unternehmensführung sind für viele erkennbar. Die Betonung lag auf Effizienz und Kontrolle. Bekannte Referenzen sind die Managementprinzipien von Taylor, wobei es dort um die Optimierung von Unternehmensprozessen nach dem 'Fließbandprinzip' geht. Der Mehrwert wird durch die genaue Abstimmung und Kontrolle von Aktivitäten verwirklicht.

Diese bürokratischen und stark hierarchischen Organisationsformen sind derzeit noch für zahlreiche Unternehmen maßgebend. Wir sehen Unternehmen mit mitunter mehr als zehn Managementstufen. Die Abteilungen sowie Unterabteilungen und 'Sub-Unterabteilungen' werden bis auf Einheiten von mitunter nur 1-4 Personen aufgeteilt und es werden Managementstufen dazwischengeschoben.

Zunehmend mehr Unternehmen werden sich bewußt, daß diese Vorgehensweise nicht mehr haltbar ist und suchen so nach neuen einfacheren Strukturen (Figur 8).

Phase 2 Unternehmensführung: Teamstrukturen

Die bürokratische Methode hat dazu geführt, daß Unternehmensprozesse derzeit effizient eingerichtet sind. Dies gilt jedoch nur dann, wenn wir diese Prozesse allein aus Produktionssicht beurteilen. Es genügt, wenn wir über Standardprodukte sprechen, die tagtäglich über Jahre hinweg auf die gleiche Art und Weise zustande kommen.

Doch sieht die Realität derzeit anders aus. Der Kunde verlangt zunehmend mehr Flexibilität und Maßarbeit und erwartet, daß wir seinen Forderungen nachgehen. Dies bedeutet, daß Personen zunehmend mehr damit konfrontiert werden, daß der Kunde sich mit Standardlösungen nicht zufrieden gibt. Zu dem Zeitpunkt rächt sich die starre Organisation. Der Mitarbeiter kann keine Entscheidungen ohne Rücksprache mit seinem Chef treffen und dieser wiederum muß seinerseits häufig Rücksprache mit seinem Chef führen, usw. Dieser Prozeß nimmt viel Zeit in Anspruch und verlangt interne Kommunikation. Bevor nach mühseliger Abwägung eine Entscheidung getroffen wurde, kann es für den Kunden bereits zu spät sein.

Um den Mangel an schnellem Handeln und Flexibilität aufzufangen, befinden sich zahlreiche Unternehmen auf dem Wege zu einfacheren Strukturen und zur Übertragung von mehr Verantwortung auf Einzelpersonen oder Personen in einem Team. Wir sehen Team- und Projektstrukturen, in denen kleine flexible Teams mehr Befugnisse haben und eher in der Lage sind, sich adäquat auf die Kundenbedürfnisse einzuspielen bzw. einzustellen. Diese Entwicklung wird durch die heutigen Informationssysteme verstärkt, welche den Menschen mehr als früher in die benötigten Informationen Einsicht gewähren lassen, um Entscheidungen treffen zu können.

Bei der Entwicklung dieser neuen Organisationsformen sehen wir, daß diese mit einer Kulturveränderung einhergeht. Der technische Rahmen ist sehr einfach zu implementieren, doch wird die Entwicklung meist durch die Langsamkeit einer Kulturveränderung gebremst. Sowohl Manager als auch MitarbeiterInnen sind an eine jahrelang gewachsene Situation gewöhnt und haben ihre Schwierigkeiten mit der neuen Vorgehensweise und der damit einhergehenden Rollenveränderung. Der Manager muß nicht mehr täglich kontrollieren, muß jedoch viel mehr betreuen, beraten, anregen und steuern. Auch für die MitarbeiterInnen verändert sich viel. Statt ihre/seine Pflicht 'von neun bis fünf' zu erfüllen, werden neue Anforderungen gestellt. Es wird an eine aktive Haltung apelliert. Ergreifen der Initiative, Mitdenken, Kreativität, Innovation und Entscheidungsfindung sind Merkmale dieser Haltung.

Dies kann nur dann gelingen, wenn die MitarbeiterInnen 'von innen heraus' motiviert werden. In der Managementliteratur wird viel über Empowerment gesprochen. Empowerment ist das Aktivieren der Personen in der Organisation durch Ausweitung der Einbezogenheit und Würdigung des Fachwissens und der Talente. Als Beispiel für ein Unternehmen, welches Empowerment erfolgreich eingesetzt hat (Wetlaufer in: HBR) wird das amerikanische Elektrizitätsunternehmen AES Corporation angeführt. AES stellt die Geschäftsprinzipien des Unternehmens in den Mittelpunkt. Nur wenn alle Personen diese Prinzipien verinnerlichen, kann das Unternehmen maximal erfolgreich sein. In diesem Zusammenhang wurde von AES eine Vorstellungsgesprächtechnik ent-

Fig. 9: From team structures to network structures

wickelt, die darauf ausgerichtet ist, herauszufinden, in wie weit jemand in die jeweilige Unternehmenskultur paßt. Das heißt, ob sie/er bereit ist, Verantwortung zu übernehmen, nach ihren/seinen Ergebnissen beurteilt zu werden, einen Beitrag an die soziale Atmosphäre des Unternehmens zu liefern, und schließlich in wie weit ihr/ihm eine engagierte Arbeitshaltung Freude bereitet. Die folgenden Fragen sind typisch für die angeführten Vorstellungsgespräche:

- What do you do when something needs to be done and no procedures exists?
- What self-improvement efforts are you making?
- For what have you been counseled about the most?
- Tell me about a time when a decision was needed and no supervisor was available.
- What does 'fun on the job' mean to you?

Die genannte Kulturveränderung ist der wichtigste Grund, warum es Jahre dauert, neue Organisationsformen zu entwickeln. Einige Unternehmen haben erst mit den Veränderungen begonnen, andere sind bereits weit fortgeschritten (Figur 9).

Phase 3 Unternehmensführung: Netzwerkstrukturen
Die Entwicklung von Teamstrukturen leitet letztendlich dazu, daß eine prinzipielle Umwandlung in der starren Verbindung zwischen Unternehmen und Mitarbeiter vollzogen wird.

Wie bereits erwähnt ist sogar die Frage gerechtfertigt, in wie weit multinationale Konzerne in der neuen Netzwerkwirtschaft lebensfähig sind. Malone und Laubacher beschreiben in ihrem Artikel 'The dawn of the e-lance economy' auf sehr spannende und überzeugende Art und Weise eine Zukunftsvision, in der große Organisationen durch kleine flexibles Teams bzw. virtuelle Unternehmen abgelöst werden. Zu diesem Zeitpunkt wird durch das Center for Coordination Science (MIT Sloan School of Management), unter Leitung von Prof. Malone, ein großangelegtes Forschungsprojekt unter dem Titel 'Inventing the Organizations of the 21st Century' (http://ccs.mit.edu) durchgeführt.

Die folgenden Zitate illustrieren die vorläufigen Meinungen hinsichtlich der Ergebnisse der Untersuchung:

- Fine: 'Not just managing existing supply chains, but designing ever-changing supply chains.'
- Bailyn: 'Not work versus family, but work and family.'
- Lessard: 'Not just exploiting home knowledge internationally, but globally exploiting best knowledge available anywhere in the world.'
- Senge: 'Not just solving problems, but learning and understanding'.
- und schließlich: 'Thinking about values may be the most important thing of all'.

Momentan wachsen große Organisationen durch Fusionen und Übernahmen zu noch größeren Einheiten heran und man kann mit Recht davon ausgehen, daß dies letztendlich zu einer eingeschränkten Anzahl von 'Superunternehmen' führt, die weltweit auf dem Markt dominieren. Unterschwellig wird jedoch eine gänzlich entgegengesetzte Entwicklung eingesetzt. Malone und Laubacher sprechen von einer Desintegration der Großkonzerne auf der einen Seite und einer Vielzahl von Kleinbetrieben auf der anderen Seite. Sie beschreiben, wie noch vor weniger als 25 Jahren 20% der amerikanischen arbeitenden Bevölkerung bei 500 der größten Unternehmen beschäftigt waren. Derzeit liegt diese Prozentzahl bei unter 10%. An verschiedenen Fronten sind Entwicklungen im Gange, welche die Großkonzerne aushöhlen. Zunehmend wird mehr Arbeit von kleinen spezialisierten Betrieben ausgeführt. Darüber hinaus wird Personal zunehmend auf befristeter Basis über Zeitarbeitsfirmen beschäftigt. Parallel dazu machen sich speziell ausgebildete und erfahrene MitarbeiterInnen zunehmend selbständig und bieten ihre Dienste nicht mehr als interne MitarbeiterInnen, sondern als externe UnternehmerInnen an. Gänzlich unabhängig davon entstehen zahlreiche neue Unternehmen, die auf der Grundlage des Internets neue Produkte entwickeln und mit den großen Unternehmen konkurrieren oder diesen sogar gänzlich das Nachsehen geben.

In traditionellem Sinne, so Shapiro und Varian 'Information Rules: A Strategic Guide to the Network Economy', ist das Angebot beschränkt und es dauert Jahre, bevor die

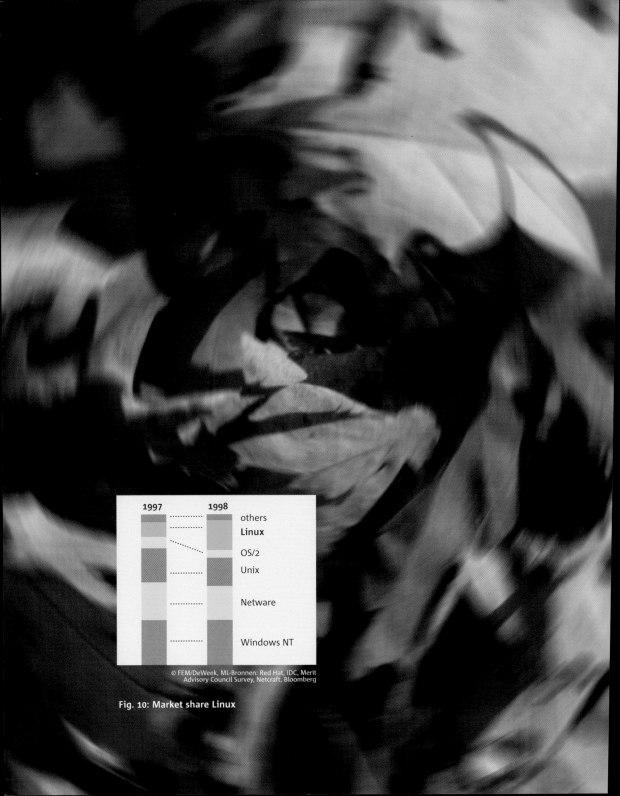

1997	1998	
		others
		Linux
		OS/2
		Unix
		Netware
		Windows NT

© FEM/DeWeek, ML-Bronnen: Red Hat, IDC, Merit
Advisory Council Survey, Netcraft, Bloomberg

Fig. 10: Market share Linux

Produktion groß angelegt und aufgebaut werden kann. In der Netzwerkwirtschaft ist das Angebot, durch uneingeschränkte Kopiermöglichkeiten, nicht mehr kritisch, doch geht es viel mehr darum, schnell eine große Nachfrage zu entwickeln und eine dominante Position einzunehmen.

'The Invisible Hand' anstelle von Management

Es gibt zahlreiche Beispiele für die neue Beschäftigung. Inzwischen sehr bekannt ist Linux: 1991 in Helsinki als eine Initiative des 21-jährigen IT-Studenten Linus Torvals begonnen, entwickelte er Linux selbständig. Linux ist eine Variante des bekannten Unix-Softwaresystems. Torvals veröffentlichte seine Ergebnisse im Internet, womit er eine unglaubliche Entwicklung in Gang setzte. Anfangs prüften einige Interessenten die Software und lieferten kostenlose Ergänzungen und Verbesserungen. Das Team wuchs jedoch sehr schnell auf Tausende Freiwillige an, die die Software kostenlos entwickelten. Innerhalb von drei Jahren war eine der besten Unix-Versionen entwickelt. Es folgte eine große Publicitywelle und heute kennt ein jeder innerhalb der Branche Linux. Linux hat eine große Marktstellung zwischen Größen wie Unix, Windows NT und Netware aufgebaut (Figur 10).

Dabei ist sehr interessant, daß dieses System ohne Manager, Verfahren, Budgets, Projektorganisation, Administration, Versammlungen, Entwicklungsberichte, Investmententscheidungen oder irgendwelche anderen Managementtools entwickelt wurde. Ferner sind sich alle Experten darüber einig, daß das System innerhalb eines großen Softwareunternehmens nicht so schnell und erfolgreich hätte entwickelt werden können. Ein anderes Beispiel ist das Internet selbst. Ohne irgendeine Form von Planung, Entscheidung, Koordination oder Steuerung wurde ein Medium entwickelt, daß nun bereits als die wichtigste Errungenschaft des Jahrhunderts genannt werden kann. Jessica Lipnack und Jeffrey Stamps beschreiben in ihrem Buch 'Virtual Teams: working across space time and organizations' die Entstehung virtueller Teams. Diese werden als eine Gruppe unabhängiger Personen definiert, die ein gemeinsames Ziel anstreben und bei der Ausführung moderne Kommunikationstechnologien einsetzen. Das Gruppieren von Teams sowie eine gemeinsame Verantwortung schafft eine wesentlich größere

New micro-businesses are constantly being started up. Everyone can take the initiative to do this, to form a team and present the business plan to a self-composed sounding board group. After due consideration, the initiative takers can take their own decisions as to whether to go ahead or not. If one starts, one is completely responsible for the way in which the business is run. That means that the acquisition of personnel and of orders, the profit and loss account, the product development and the market image is entirely the responsibility of the team.

Beziehung untereinander und eine höhere Verpflichtung, wie es in traditionellen Organisationen der Fall ist. Innerhalb dieser Teams stehen die Zusammenarbeit, die Kreativität und das problemlösende Vermögen im Mittelpunkt. Es werden neue Technologien wie Internet und Intranet genutzt. Dennoch ist im Vergleich zu traditionellen Arbeitsweisen das menschliche und soziale Wissenskapital größtes Gut und wichtigster Gewinn.

Malone und Laubacher sprechen bei dieser Entwicklung über die E-Lance Wirtschaft, in der Personen, auch wenn sie nicht im Team arbeiten, Aufträge annehmen und ausführen. Die Zusammenarbeit geschieht in einer Netzwerkstruktur und ist unabhängig von Zeit und Raum. Produkte und Dienste werden durch ein zeitlich begrenztes Team hergestellt, das einzig (und multinational) zur Ausführung des Auftrages zusammengestellt wurde. Bei näherer Betrachtung der Konsequenzen dieser Arbeitsweise gelten die Folgen größtenteils für das Management. Leitung, Koordination, Planung und Kontrolle gehören zu den Kernaktivitäten des heutigen Managements. Betrachtet man jedoch Linux oder auch das Internet selbst als Beispiele, wird deutlich, daß diese ganz ohne Management entwickelt wurden. Ein jeder stimmt zu, daß selbst das effektivste und kreativste Management diese Entwicklungen nicht hätte vorantreiben können. Doch warum? Welche Mechanismen liegen dem zugrunde?

Bei der Beantwortung dieser Frage können wir eine Parallele zur freien Marktwirtschaft ziehen. Vor mehr als 200 Jahren beschrieb Adam Smith eine Wirtschaft, die sich selbst ohne eine zentrale Steuerung von oben regulieren sollte. Gegenwärtig ist es selbstverständlich, daß jedes Unternehmen seine eigenen autonomen Pläne macht und wir sind davon überzeugt, daß dies die effektivste Planungsmethode ist. Adam Smith nannte das System der dezentralisierten Koordination 'The invisible hand'.

Virtuelle Netzwerken

Heute können wir uns fragen, warum das selbe unsichtbare System nicht auch unternehmensinterne Prozesse regeln kann. Wenn wir über eine Anzahl von Standards und

teams

Individuals play the game but teams win championships.

Spielregeln verfügen, haben wir eine Basis, um auch interne Transaktionen nach dem System des freien Marktes funktionieren zu lassen. Beispiele der genannten Spielregeln sind Ergebnisvereinbarung, Vergütung, Eigentumsverhältnisse und Konfliktregulierung. Dies klingt vielleicht noch wie Zukunftsmusik, die noch keine aktuelle praktische Bedeutung hat. Dies ist jedoch nicht der Fall. Fast alle großen Organisationen sind derzeit sehr aktiv in der Entwicklung marktorientierter Strukturen. Die straffen Verfahren und die Bürokratie werden abgebaut und anstelle dessen werden Personen und Teams zunehmend Freiheiten und Verantwortungen eingeräumt, um selbst unternehmerisch zu handeln (so Malone und Laubacher).

Immer wenn große Organisationen marktorientiert arbeiten, wird deutlich, daß die Grenzen der Organisation verschoben werden. Transaktionen zwischen Einheiten bekommen zunehmend den Charakter von Transaktionen mit externen Parteien. Von großer Bedeutung hierbei ist die Tatsache, daß Unternehmensprozesse, die traditionell einen völlig internen Charakter haben, nun ungehindert Unternehmensgrenzen überschreiten. So wird abwechselnd mit internen und externen Partnern zusammengearbeitet.

Für alle diese Entwicklungen gilt, daß die neue Kommunikationstechnologie für den Erfolg ausschlaggebend ist. Die meisten technischen Bedingungen sind bereits gegeben oder befinden sich in der Entwicklungsphase. Die Herausforderung besteht in dem Einsetzen der Möglichkeiten von Internet, Groupware, elektronischem Handel und elektronischer Bezahlung. Statt Unternehmensprozesse zu definieren und daraufhin die Personen optimal als Rad in diesem Prozeß funktionieren zu lassen, stellen wir die Menschen in den Mittelpunkt und suchen nach Möglichkeiten, deren Talente, Qualitäten, Fähigkeiten, Wissen, Kenntnisse und Erfahrungen optimal in den Dienst des Unternehmens zu stellen.

Der Mitarbeiter bekommt eine große Freiheit, aber auch eine große Verantwortung. Es müssen Absprachen zwischen dem Unternehmen und den individuellen Personen oder Teams über den Mehrwert bzw. die Ergebnisse der Arbeit und deren Vergütung

The boundaries of the business organisation are disappearing

We no longer have jobs for life

We work on a temporary basis

We work increasingly with external parties

We work in changing teams

We work in virtual businesses

gemacht werden. Tatsächlich ist das traditionelle Arbeitsverhältnis nicht mehr die optimale Form, diese Dinge zu regeln. Der Unterschied zwischen intern und extern verwischt, die Mauern des Unternehmens verschwinden.

Einerseits ist dies eine revolutionäre Entwicklung, andererseits ist diese Entwicklung nicht neu. Die Grundprinzipien wurden in der Vergangenheit bereits häufig angewandt. Wir kennen beispielsweise bereits seit langem Joint-Ventures, in denen verschiedene Unternehmen in gemeinsamem Interesse zusammenarbeiten. Auch kennen wir zuneh-mend mehr Projekte, in denen auf zeitlich begrenzter Basis interne und externe Personen zusammenarbeiten. Auch werden zunehmend externe Kräfte auf zeitlich begrenzter Basis beschäftigt, um auf diese Art und Weise flexibel auf die Bedürfnisse antizipieren zu können.

Durch die Möglichkeiten der heutigen Technologien sind Teams nicht mehr an feste Teilnehmer, Zeitzonen, örtliche Distanz oder selbst an die Grenzen einer Organisation gebunden. Wir sprechen über virtuelle Teams, virtuelle Gruppen oder virtuelle Unternehmen, welche ohne Einschränkungen oder Grenzen auf eine intelligente und effektive Art und Weise zusammenarbeiten. Menschen arbeiten in gemeinschaftlichem Interesse zusammen und die Spielregeln werden vorab abgesprochen. Wir arbeiten mit Absprachen, welche strukturell oder zeitlich (pro Projekt) genutzt werden. Das Team ist ein Unternehmen innerhalb des Unternehmens.

Phase 2: The transitional period

Rigid function descriptions are being abandoned. The
organisational structure is being made flatter. People
are being given much more freedom and responsibility.
Work is carried out in small effective teams. Networks
and integrated systems with which we can coordinate
internal business practices and make information
more easily accessible are used for the exchange of
information. We no longer depend on fixed work areas
but can plug into the network from various locations.

3.2 Kommunikationstechnologie

Wir können nur unternehmerisch handeln, wenn wir über aktuelle und relevante Informationen verfügen. Die neuen Technologien sind hierbei zukunftsweisend. Wir sprechen sehr bewußt über Kommunikationstechnologie und nicht über Informationstechnologie. Dies ist mehr als eine Frage der Definition. Wir wollen den Kommunikationsaspekt nachdrücklicher als den Informationsaspekt hervorheben. Wo es nämlich drum geht, ist der Mehrwert von Information. Dieser entsteht erst, wenn wir mit der Information auf eine gute Art und Weise kommunizieren. Die Datenkommunikation ist die Triebkraft der Entwicklung.

In einem ersten Schritt wurden integrierte Systeme entwickelt, die interne Unternehmensinformationen in ein zusammenhängendes System bringen. Die große Bedeutung dabei ist der Kommunikationseffekt: nicht einzelne Personen sondern alle gemeinsam erhalten Zugriff auf aktuelle Informationen. Dies ist eine gute Basis, sie ist jedoch aus dem Blickwinkel des Unternehmertums unzureichend. Es ist mehr Aufmerksamkeit für die breite Skala an täglichen Kommunikationsprozessen notwendig, die sich nicht mehr nur auf die internen Prozesse beschränken. Beispielsweise neue Informationen und Nuancen in den Kundenbedürfnissen oder Bedürfnissen von Partnern sollen stetig bei den Personen bekannt sein, die sie betreffen. Dafür ist eine externe Transparenz notwendig, die die Informationen über die Grenzen der Organisation hinaus zugänglich machen.

Kommunikationstechnologie und insbesondere das Internet sind hierbei selbstredend ein notwendiges Hilfsmittel. Wir kennen bereits die Bedeutung von Email und viele von uns benutzen es tagtäglich. Die Möglichkeiten sind jedoch weitaus größer. Mit Groupware verfügen wir über praktische Systeme, welche alle aktuellen Informationen transparent machen und die darüber hinaus zugänglich sind, unabhängig von dem Ort, an dem man sich gerade befindet. Dies ist ein großartiges Werkzeug, dessen Gebrauch derzeit noch in den Kinderschuhen steckt. Noch einen Schritt weiter geht E-Commerce. Hierbei werden, selbst außerhalb einer festen Teilnehmergruppe (wie bei Groupware), Informationen zugänglich gemacht und die Informationen zudem auch kommerziell eingesetzt.

The interesting thing about the development at Linux is that the system was developed without managers, without procedures, budgets, project organisation, administration, meetings, progress reports, investment decisions or any other management tools. Furthermore, all the experts agree that the system could never have been developed so quickly, so well and with such success within a large software organisation. Another example is the Internet itself. Without any form of planning, decision, coordination or supervision, a medium has developed that can already be called the most important achievement of the century.

Phase 1 Kommunikationstechnologie: Insel-Technologie

Traditionell wird bei der Kommunikation von der Technologie kein Gebrauch gemacht. Wir erstellen sehr wohl Dokumente in digitaler Form, die Kommunikation jedoch findet in Papierform statt. Nachdem ein Dokument fertiggestellt ist, wird es ausgedruckt und daraufhin mit der internen oder externen Post versandt.

Unsere gesamte Arbeitsweise ist von der Benutzung von Papier abhängig. So gibt es Unmengen von Papier in unseren Büros. Papier ist sowohl Kommunikationsmittel als auch Archivierungsmittel. Die Einschränkungen dieser Arbeitsweise können folgendermaßen zusammengefaßt werden:

- Papier ist nur für eine Person oder eine kleine Gruppe zugänglich: nämlich nur für diejenigen, die physisch Zugang zu den Dokumenten haben. Der Wert, den die Informationen für viele andere haben kann, geht größtenteils verloren.
- Die Kommunikation über Papier dauert sehr lange. Im Falle von externer Postverteilung dauert es mindestens einen Tag, bevor die Informationen am Bestimmungsort sind.
- Man kann nur eine sehr eingeschränkte Menge Papier mit sich führen. Dies bedeutet, daß die Informationen nicht zugänglich sind, wenn man sich nicht in unmittelbarer Nähe des persönlichen Archivschranks befindet. Die Mobilität wird hierdurch eingeschränkt.
- Schließlich ist die aktive Benutzung, Bearbeitung sowie der Austausch von Informationen schwierig und zeitaufwendig. Texte müssen überschrieben, kopiert, zusammengeschnitten und -gesetzt werden.

Das Ergebnis dieser Einschränkungen ist, daß Informationen nur sehr eingeschränkt kommuniziert werden. Zahlreiche Informationen befinden sich in einem geschlossenen Kreislauf und nur eine kleine Gruppe Personen benutzt diese. Der Mehrwert von Information entsteht jedoch meist erst dann, wenn Informationen aus verschiedenen Quellen kombiniert und zusammengestellt werden. Traditionell geschieht dies nur an der Unternehmensspitze, wo mühsam allerlei Informationen zu Management-

In a world full of copies you can be the original.

informationen zusammengefügt werden. Oft dauert der Prozeß des Zusammenstellens Monate und kostbare Zeit geht verloren. Ferner mangelt es den MitarbeiterInnen an der Basis eines Unternehmens völlig an Einsichten, die oberhalb der Reichweite der direkten Arbeitsumgebung ausgehen.

Phase 2 Kommunikationstechnologie: Interne Systeme

Die Entwicklung von Datennetzwerken hat so einiges in Bewegung gesetzt. Integrale Systeme verschaffen Einsicht in unternehmensrelevante Informationen wie beispielsweise Kundeninformationssysteme, Produktionssysteme sowie administrative und finanzielle Systeme.

Erst dadurch werden Informationen weitläufig zugänglich gemacht. Nicht nur an der Unternehmensspitze. Aber auch die Personen am Arbeitsplatz haben Zugang zu Netzwerksystemen sowie den benötigten Informationen, um Entscheidungen treffen zu können. Der erste Schritt, Technologie wirklich zu nutzen, ist gemacht.

Ein gutes Beispiel ist die Entstehung von Call-Centern. Durch die Verknüpfung verschiedener interner Systeme kann ein Mitarbeiter in einem Call-Center dem Kunden direkt zu Diensten sein. Statt den Kunden mit langwierigem Briefwechsel über verschiedene Schaltstellen zu konfrontieren, reicht nun ein einziger Anruf. Die Folgen dieser Entwicklungen sind einschneidend. Ganze Unternehmensprozesse werden neu eingerichtet. Das Phänomen 'Business Process Reengineering' ist sehr bekannt. Auf der Basis interner Netzwerke werden ganze Unternehmensprozesse digitalisiert. Ganze Abteilungen und die dazugehörige Bürokratie werden aufgelöst und neu eingerichtet.

Der Charakter der Büroarbeit verändert sich dadurch drastisch. Routinemäßige administrative Arbeiten werden zunehmend von der Technologie übernommen. Anstelle dieser kommen zunehmend hochwertigere Aktivitäten: Systementwicklung, Produktentwicklung und Marktentwicklung sind tonangebend. Es entsteht zunehmend mehr Bedarf an Kreativität und Teamwork. Anstelle statischer hierarchischer Organisationen entstehen einfache Team- und Projektstrukturen.

There was already someone with twice as much musical talent born in a world without keyboards or orchestras long before Beethoven was sitting at his piano... every year we create new opportunities, ways of seeing, methods of thinking and paths towards insight. (Kevin Kelly)

Website (Internet)	
Groupware* (Intranet)	E-commerce (Extranet)
Business processes	Company presentation
Knowledge systems	News groups
Virtual communities	Product catalogue
Document management	Order possibilities
Workflow management	Payment possibilities
"Limited users group"	"Open users group"

* Groupware can also be used without Internet technology.

Fig. 11: Running a business on the Internet

Das Verfügbarmachen von Informationen führt zu einem natürlichen Prozeß, bei dem Informationen gebraucht, entwickelt und kommerziell eingesetzt werden. Vorerst bleibt der Gebrauch der Kommunikationstechnologie jedoch auf interne Prozesse beschränkt. Trotz Internet-Technologie beschränkt sich der externe Gebrauch auf Email. Die Türen nach außen öffnen sich nur langsam.

Email ist ein innovatives Instrument, das sehr schnell breite Anwendung gefunden hat. Es kann schnell und unkompliziert weltweit kommuniziert werden. Das Notebook bzw. Palmtop, Online Verbindungen und schnurloses Telefonieren erhöhen darüber hinaus die Mobilität der MitarbeiterInnen, wodurch Kommunikation ortsunabhängig wird und damit zunehmend zugänglich wird. Organisationen arbeiten mehr und mehr papierlos. Große papierene Archive werden aufgelöst und durch digitale Archive auf dem Unternehmensserver ersetzt.

Phase 3 Kommunikationstechnologie: Internettechnologie
Wenn die Technologie optimal genutzt wird, haben wir überall Zugang auf alle relevanten Informationen und können maximal Informationen und Wissen austauschen und Mehrwert zufügen.

Wesentliche Instrumente, die bisher lediglich in eingeschränktem Umfang genutzt werden, jedoch von großer Bedeutung für diesen Mehrwert sind, sind folgende:
• Groupware
• E-Commerce

Wenn wir die Internettechnologie einsetzen, können wir sowohl Groupware als auch E-Commerce mit einer Webseite verknüpfen. Eine Webseite ist dann das zentrale verbindende Element (Figur 11).

Mit Hilfe von Groupware machen wir Informationen innerhalb eines festgelegten Benutzerkreises (Team) zugänglich, unabhängig von dem Ort, an dem diese sich befin-

	E-business 1999 * $1.000.000	E-business 2003 * $1.000.000	Market share 2003
Computing and Electronics	52,8	410,3	37 %
Telecommunications	1,5	15	5 %
Financial services	14	80	6 %
Retailing	18,2	108	6 %
Energy	11	170,1	12 %
Travel	12,8	67,4	17 %

Source: Forrester Research, Business Week Oct. 1999

Fig. 12: Market potential for E-business

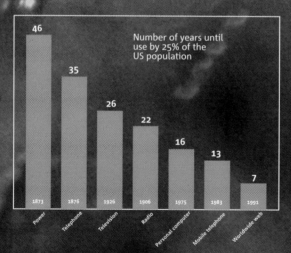

Source: Newsweek, © Handelsblatt-Grafik

Fig. 13: Rapid breakthrough (from invention to mass product)

den und von der Größe der Gruppen. Durch E-Commerce wird dem noch ein Element hinzugefügt: die Informationen werden für Dritte zugänglich gemacht und damit kommerziell brauchbar. Dieser letzte Schritt ist tatsächlich die Abrundung einer technologischen Entwicklung, welche die Information zu einem virtuellen, multinationalen und vor allem kommerziellen Produkt gemacht hat.

Ein Beispiel für die eingreifenden Konsequenzen der neuen Technologie ist der Verlag. Rasendschnell digitalisieren die Verlage ihre Prozesse. Der digitale Erfolg des Internetbuchhandels amazon.com öffnet zunehmend den Weg in die Digitalisierung. Vor allem wissenschaftliche Zeitschriften sind nun bereits stark im Internet vertreten. So gibt es von Elsevier Science etwa 1.200 Zeitschriften online, von Springer etwa 400 und von Academic Press etwa 200 (Intermediair, Juli 1999).

Personalwerbung ist ein anderes Beispiel einer Unternehmensaktivität, die den digitalen Weg entdeckt hat. Derzeit richten sich fast alle großen Unternehmen über ihre Webseiten auf potentielle neue Personalmitglieder aus. Auf der Webseite des großen niederländischen IT-Unternehmens Knowledge Base kann ein potentieller Bewerber über das Beantworten einer Anzahl Fragen selbst sehen, wieviel sein Monatsgehalt betragen würde. In vier Tagen besuchten 2.000 Personen diese Webseite, 30 davon bewarben sich online.

Der Aufstieg des Internets ist das bekannteste Phänomen der neuen Technologie. Bemerkenswert an diesem neuen Medium ist die Geschwindigkeit, mit der es Einzug gehalten hat. Das World Wide Web wurde 1991 eingeführt und innerhalb von sieben Jahren von einem Viertel der amerikanischen Bevölkerung genutzt. Drahtlos Telefonieren brauchte für diese Entwicklung 13 Jahre, das Radio 22 Jahre und das traditionelle analoge Telefon 35 Jahre. Globale Schätzungen machen deutlich, daß im Jahre 2000 mehr Datenverkehr als Telefonverkehr stattfinden wird und daß dann etwa 250 Millionen Menschen das Internet nutzen werden (Figur 12).

Entrepreneurship of the future is like a hiking tour compared with an organised holiday.

Webseiten

Die Möglichkeiten der neuen Kommunikationstechnologie können am besten anhand von Webseiten illustriert werden. Hier kommt die ganze Bandbreite von Kommunikationsmöglichkeiten zusammen (Figur 13).

Eine Webseite ist in erster Linie ein wesentlich stärkeres Medium als das traditionelle Papier. Die Vorteile können kurz folgendermaßen dargestellt werden:

- Informationen sind transparent, überall zugänglich und unglaublich schnell. Wo immer auf der Welt man sich befindet, wir haben nur einen Internetzugang nötig, um eine Webseite zu besuchen. Nicht nur eine Webseite, sondern eine Welt von Webseiten liegt nur einen Mausklick entfernt.
- Wir können Fotos, Farbe, Bewegung und Musik einsetzen. Dies erhöht den kommunikativen Wert. Der Unterschied zwischen Papier und einer Webseite als Kommunikationsmedium ist vergleichbar mit dem Unterschied zwischen einem Werbefaltblatt und einer Fernsehwerbung.
- Das Medium ist selektiv, d.h. der Benutzer kann aktiv seine eigenen Interessengebiete auswählen und ist nicht wie bei Papier oder Fernsehen abhängig von einem vorgegebenen Programm.
- Vor allem ist das Medium interaktiv. Es kann direkt reagiert werden, wodurch ein fast unbegrenztes Kommunikationszentrum entsteht.

Wenn wir uns diese Vorteile ansehen, wie können wir dann Webseiten für unsere tägliche Unternehmenspraxis einsetzen?

Zunächst können wir zwischen passiven und aktiven Webseiten unterscheiden. Viele beginnen mit einer passiven Seite, d.h. die Webseite wird ausschließlich für die Unternehmenspräsentation genutzt. Auf diese Art und Weise ist man im Web vertreten und die Seite kann als eine digitale Unternehmensbroschüre angesehen werden. Ein anderes Beispiel sind die digitalen Newsgroups. Dabei wird sehr deutlich gemacht, daß man tatsächlich permanent die veröffentlichten Informationen aktualisieren kann. Es ist

The boundaries of communication technology are disappearing

- Groupware

- New routes have been created to replace internal company

  information flows and networks, and these routes enable us

  to communicate in external networks that are furnished flexibly

  to accommodate the partners we work with.

- E-commerce

- We can do more than simply exchange information without

  restrictions, we can also conduct business on-line.

jedoch noch keine Rede vom Einfluß auf die Unternehmensprozesse. Dieser entsteht erst, wenn die Webseite aktiv eingesetzt wird. Wir sehen dann, daß die Webseite den Unternehmensprozeß teilweise oder sogar ganz übernehmen kann. Nebeneinander kann sie als Medium für einen begrenzten Benutzerkreis oder für öffentliche Aktivitäten genutzt werden. Wir werden dies anhand der folgenden Aufteilung näher erläutern:

- geschlossener Benutzerkreis: Groupware
- offener Benutzerkreis: E-Commerce

Groupware

Wenn die Webseite ausschließlich intern genutzt wird, spricht man von Groupware oder Intranet. Die Zielgruppe ist auf eine selektive Benutzergruppe beschränkt und die Webseite wird mit einem Paßwort bzw. Zugangsautorisierung gesichert. In technischer Hinsicht ist hierfür noch keine Webseite nötig. Es kann auch über Replikation ein internes Netzwerk aufgebaut werden. Zahlreiche Unternehmen haben damit bereits begonnen, bevor man über Webseiten verfügte. Besonders Lotus Notes ist ein Beispiel von Groupware, das die vorab definierten Server (bzw. Benutzer oder Clients) miteinander verbindet ohne die Internettechnologie zu nutzen. Regelmäßig werden alle Daten ausgetauscht, die Informationen bleiben für alle Benutzer aktuell. Der Vorteil der Nutzung des Internets als Groupware ist die Zugänglichkeit der Informationen. Man ist nicht mehr abhängig von vorab definierten Servern und kann überall, wo ein Internetzugang verfügbar ist, von dem System Gebrauch machen.

Groupware ist selbst ohne die Benutzung des Internets ein Tool, das den gesamten Unternehmensprozeß umfassen kann. Die gesamte interne Kommunikation, Dokumentation und Archivierung kann über Groupware stattfinden. Wenn alle Informationen digital verfügbar sind, wird dem Papier eine andere Rolle zuteil. Tatsächlich wird Papier nur aus dem Blickwinkel des Komforts gebraucht. Es kann manchmal angenehmer sein, nicht vom Bildschirm abzulesen und einen Ausdruck des betreffenden Dokumentes zu machen. Dieser Ausdruck hat jedoch keinen Status. Die digitale Version ist die einzige, die wirklich zählt.

Not the strongest but the most adaptable to change will survive.

Eine neue Dimension entsteht, wenn die Grenze des Benutzers nicht mehr auf die internen Benutzer eingeschränkt ist. Externe Parteien, mit denen zusammengearbeitet wird, können mit dem gleichen System verbunden werden. Dies geschieht durch das Verbinden der Server miteinander und regelmäßiges Replizieren. Der Nachteil ist, daß genaue Absprachen über die Benutzung der Technologie, insbesondere der Groupwarepakete, notwendig sind.

Wesentlich einfacher, schneller und flexibler ist die Benutzung des Internets. Jeder hat mit einem Paßwort bzw. einem Zugangscode direkten Zugang zu dem System. Nehmen wir die Webseite als Ausgangspunkt, so kann ein Teil der Webseite mit Paßwörtern gesichert werden und ist damit allein für eine ausgewählte Gruppe zugänglich. Beispiele einer derartigen Anwendung sind Projektdossiers. Wird mit mehreren Parteien an einem Projekt zusammengearbeitet, können alle Informationen über eine Webseite zugänglich gemacht werden. So kann beispielsweise ein Auftraggeber direkt eine aktuelle Einsicht in z.B. den Budgetverlauf bekommen. Anstelle von regelmäßigen Berichten ist eine permanente Einsicht möglich.

Ein anderes Beispiel sind virtuelle Gruppen (virtual communities). Willkürliche Formen der Zusammenarbeit sind möglich. Verschiedene Gruppen, die beispielsweise ein gemeinsames Interesse haben, können eine virtuelle Gemeinschaft gründen und damit ein gemeinsames Podium für Informationsaustausch aufbauen. The Vision Web ist ein Beispiel für ein Unternehmen, das bereits in der Benutzung der Internettechnologie fortgeschritten ist. Intranet steht bei The Vision Web zentral in der gesamten Unternehmenskommunikation, ferner wird vielfältig von virtuellen Gruppen Gebrauch gemacht (siehe Kapitel 4, Projektbeispiele: The Vision Web). Neben The Vision Web haben wir auch Sony, Cisco und Dell als Unternehmen angeführt, die das Internet an zentrale Stelle in ihrem gesamten Unternehmensprozeß stellen wollen.

E-Commerce
Der ultimative Schritt in die Entwicklung ist E-Commerce. Das bedeutet das Schaffen eines digitalen Marktes für Produkte und Dienstleistungen. Die Webseite kann zur

Werbung für die Produkte eingesetzt werden und dient auch dem Anbieten, Verkaufen und sogar Bezahlen von Produkten. Mit Ausnahme des physischen Produktionsprozesses und der dazugehörigen Logistik kann für alles andere alles digital stattfinden. In der Dienstleistung können Unternehmen völlig digital werden: hier sprechen wir von virtuellen Unternehmen.

Wir kennen bereits Beispiele digitaler Banken und Verlage, die ausschließlich in der virtuellen Welt existieren. Dies ist selbstverständlich kein Ziel an sich, aber die Bedeutung für zahlreiche andere ist sehr groß. Tatsächlich können fast alle Unternehmen große Teile des Unternehmensprozesses in das World Wide Web verlegen.

Ein einfaches Beispiel zeigt, wie einschneidend die Konsequenzen dieser Entwicklung sein können. Das größte amerikanische Effektenhaus Merril Lynch war jahrelang mit dem Wertpapierhandel via Internet zurückhaltend. Durch die Konkurrenz gezwungen, werden jedoch seit Mitte 1999 den fünf Millionen Kunden angeboten, online Anteile zu verhandeln. Für 1% des Portefeuillewertes, mit einem Minimum von $ 1.500 pro Jahr, kann hiervon uneingeschränkt Gebrauch gemacht werden. Andere bieten an, um für eine Kommission von $ 29,95 maximal 1.000 Anteile zu verhandeln. Die Folgen sind enorm. 15.000 Kommissionäre werden hiermit zur Diskussion gestellt. Kunden fragen sich, warum sie Hunderte Dollar Kommission zahlen müssen, wenn sie über das Internet für weniger als 30 Dollar ihre Geschäfte machen können und darüber hinaus zusätzlichen Service bekommen, wie Real-Time Kursinformationen. Das Effektenhaus erwartet, daß die Kommissionäre etwa 20% an Einkommen einbüßen. Chuck Carlson (Autor von u.a. Buying Stocks without a Broker) erwartet, daß die Hälfte der Broker ausfallen wird (FEM, August 1999).

Die Wirkung von E-Commerce beschränkt sich selbstverständlich nicht auf den Effektenhandel. Viele Beispiele zeigen mittlerweile, daß kein einziges Unternehmen sich den Luxus erlauben kann, den Kopf in den Sand zu stecken. Durch die Konkurrenz gezwungen, wird ein jeder sich fragen müssen, was die Konsequenzen der genannten Entwicklungen für die eigene Unternehmenspraxis sind.

640K ought to be enough for anybody. (Bill Gates, 1981)

Die Zukunft

Wenn wir schließlich einen Blick in die Zukunft werfen, sehen wir, daß durch die Nutzung des Internets der PC schrittweise aufgeholt wird. Das Bedürfnis der Menschen, überall zu arbeiten und alle Informationen zur Verfügung gestellt zu haben, kann über das Internet zunehmend besser unterstützt werden. Zu dem Zeitpunkt stellt sich die Frage, wie wir Zugang zum Internet bekommen. Das geschieht umständlich mit PCs oder Laptops mit Modemverbindungen, doch ist es einfacher mit öffentlichen Computern, die einen ISDN-Anschluß haben, wo wir uns nur einloggen müssen, um unsere eigene Umgebung zu finden.

Eigentlich ist dieser Schritt nicht ungewöhnlich. Wenn eine Organisation ihren Unternehmensserver mit dem Internet verbunden hat, brauchen die MitarbeiterInnen keinen eigenen PC, Notebook oder (dezentrale) Software. Überall auf der Welt kann man sich in Internetcafes einloggen und Informationen austauschen und hinzufügen. Die Fachleute sprechen von 'ubiquitous computing'. Der Computer ist überall vorhanden (z.B. in Zügen, Cafés und Hotels) und ist rückläufig personengebunden. Darüber hinaus tritt der Computer zunehmend in den Hintergrund und wird in Elemente unserer natürlichen Umgebung integriert, wie z.B. in Mauern, Möbeln und Kleidung. Es wird erwartet, daß diese neue Generation Computer zwischen 2005 und 2020 massiv Einzug halten wird. Auch Softwareunternehmen wie Microsoft bereiten sich für das 'post-PC'-Zeitalter vor. So arbeiten Entwickler und Programmierer am Umbau von Windows in eine Internetumgebung (Projekt Windows DNA 2000).

The doors are opening. We are

no longer restricted to our small

world in which the sources of

information are limited to our

filing cabinets and our immediate

colleagues at the office. Via web-

sites we are mere seconds away

from worldwide information and

from conducting business world-

wide.

3.3 Büro

Wir sind an den letzten Aspekt des Zusammenhangs angelangt. Wie bewegen wir uns in Raum und Zeit?

Wir werden uns dabei die Frage stellen müssen, ob wir überhaupt ein Büro brauchen. Traditionell lag die Antwort auf der Hand. Wir brauchen das Büro aus den folgenden Gründen:

- im Büro befinden sich die Vorrichtungen (Arbeitsplatz, Computer, Telefon, Drucker, etc.),
- im Büro befinden sich die Informationen (Papierdokumente und Archive),
- im Büro haben wir unsere KollegInnen, die wir für unsere Arbeit brauchen,
- im Büro haben wir einen sozialen Ort, um gemeinsam mit anderen zu arbeiten.

Die ersten zwei Punkte sind derzeit von der Technologie bereits aufgeholt worden und können daher anders gelöst werden. Wenn wir mit Groupware arbeiten und Zuhause oder mobil Vorrichtungen für die Kommunikation haben, sind die ersten zwei Punkte kein Grund mehr, um ins Büro gehen zu müssen. Wir sehen, daß dies in der Praxis bereits der Fall ist. Statistiken belegen, daß wir sehr schnell unsere Wohnhäuser automatisieren. Die Anzahl der Büroangestellten, die Zuhause ihre Arbeitsplätze eingerichtet haben, steigt exponentiell. Derzeit arbeiten bereits zahlreiche Personen Zuhause, sei es häufig zusätzlich zu der Arbeit im Büro, z.B. in den Abendstunden und am Wochenende. Besonders individuelle Arbeit wird häufig Zuhause verrichtet, aber zunehmend wird über Online-Verbindungen, auch kommuniziert. Dies ist eine logische Entwicklung, wenn wir bedenken, daß wir unseren Tag normalerweise Zuhause beginnen und beenden. Es ist dann wesentlich praktischer, Dinge, die wir individuell erledigen können, Zuhause zu erledigen, ohne zuerst ins Büro fahren zu müssen und dabei Zeit zu verlieren und uns im täglichen Verkehrsstau zu ärgern.

Die beiden anderen Punkte haben mit der menschlichen Kommunikation (face to face) zu tun. Dazu müssen wir andere Personen treffen. In der Vergangenheit war das Büro

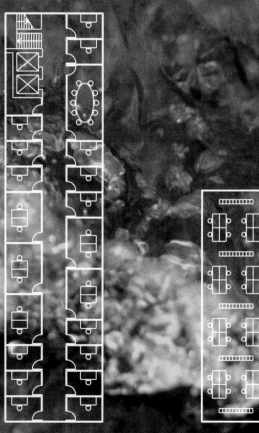

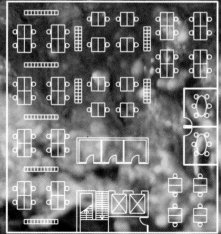

Fig. 14: A typical cellular office

Fig. 15: A typical open-plan office

dazu der richtige Ort. Wenn wir uns jedoch auf diesen zwischenmenschlichen Kommunikationsaspekt beschränken (die beiden anderen Gründe wurden bereits aufgeholt),
dann ist der Begriff 'Büro' nicht mehr korrekt. Dann haben wir ein Bedürfnis an
Kommunikationsorten, an denen wir andere treffen, wo wir zusammenarbeiten, wo
wir voneinander lernen und wo wir eine inspirierende Atmosphäre haben.

Phase 1 Büro: Feste Arbeitsplätze

In der traditionelle Situation gehen wir von einem festen Arbeitsplatz aus, an dem wir
jeden Tag von neun bis fünf unsere Arbeit verrichten. Hier steht unser Schrank und
unser PC. Hier können wir loslegen. Diese Situation ist derzeit für mehr als 90% der
Personen mit Büroarbeit noch immer aktuell.

Die gebräuchlichen Bürokonzepte sind Zellenbüros und Großraumbüros. Das Zellen-
bürokonzept ist eine geschlossene Einheit und besteht aus einer Anzahl Büroräumen
entlang eines langen Flurs, in denen Personen alleine oder mit zwei oder drei Kolleg-
Innen zusammenarbeiten. Das Konzept ist besonders für konzentriertes Arbeiten geeignet. Natürlich, wenn man alleine in einem Büro sitzt, kann man sich völlig zurückziehen
und auf individuelle Arbeit konzentrieren. Der größte Nachteil des Zellenbürokonzeptes
ist die wortwörtliche 'Kastenkultur', die damit gefördert wird. Die Geschlossenheit
bremst die Zusammenarbeit und die Kommunikation. Die Personen sehen einander
nicht und wissen häufig nicht einmal, ob eine Kollegin oder ein Kollege im Büro ist.
Die Welt bleibt im Erleben häufig auf das kleine Königreich im eigenen Büro
beschränkt. Teamwork und offene Kommunikation werden behindert.

Das Gegenteil des Zellenbürokonzeptes ist das Großraumbürokonzept. Letzteres war
besonders in den 60er und 70er Jahren beliebt. In diesem Konzept arbeiten häufig mehr
als 50 Personen in großen offenen Räumen zusammen. Der Vorteil ist die offene
Kommunikation. Jeder sieht den anderen und kann einfach eine Kollegin/einen Kollegen
ansprechen und nach Rat fragen oder um Hilfe bitten. Die Zusammenarbeit wächst, doch
ist ein großer Nachteil das hohe Maß an Störung. Viele Telefongespräche und Gespräche

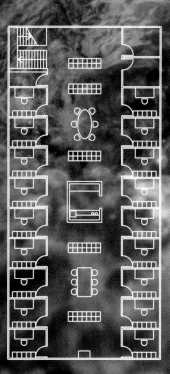

Fig. 16: A typical combi office

zwischen KollegInnen finden im offenen Raum statt und stören die anderen. Dadurch wird konzentriertes Arbeiten behindert. Das ist der wichtigste Grund, warum das Großraumbürokonzept derzeit nur selten angewendet wird (Figur 14 und 15).

Die wichtigste Übereinstimmung zwischen beiden Konzepten ist die Tatsache, daß die Rede von festen Arbeitsplätzen ist. Zusammenarbeit in wechselnden Teams und Projekten wird in beiden Konzepten kaum oder gar nicht unterstützt.

Phase 2 Büro: Flexible Büros
Ein erster Schritt, um die Nachteile dieser traditionellen Konzepte aufzuheben, ist das sogenannte Kombikonzept. Besonders in Skandinavien wurde dieses Konzept in den 70er und 80er Jahren entwickelt.

Beim Kombikonzept wird sowohl der Möglichkeit für konzentriertes Arbeiten als auch der zur Zusammenarbeit Rechnung getragen. Jeder Mitarbeiter verfügt über einen eigenen Arbeitsplatz (auch Kombi oder Cockpit genannt). Hier kann man sich zur konzentrierten Arbeit zurückziehen. Alle Arbeitsplätze sind identisch und effizient für individuelles Arbeiten eingerichtet: ein Büro mit PC und Drucker, ein Archivschrank und gegebenenfalls ein Besucherstuhl und -tisch. Durch Schließen der Tür des kleinen Raumes kann ein ruhiger Arbeitsplatz geschaffen werden. Der kleine Raum ist durch Glas von einem Mittelgebiet getrennt. In diesem Mittelgebiet sind allerlei gemeinschaftliche Funktionen vorhanden, wie beispielsweise die Abteilungsdokumentation, ein offener Gesprächstisch, eine Sitzgruppe, ein Pantry und eine Kopierecke.

Durch das große Maß an Transparenz und das gemeinsame Mittelgebiet gibt es Blickkontakt zwischen allen (20-30) MitarbeiterInnen, die einen Arbeitsplatz um das Mittelgebiet herum haben (Figur 16).

Natürlich ist ein offenes Kommunikationsgebiet ein wichtiger Schritt vorwärts, aber auch das Kombikonzept ist in seiner Flexibilität eingeschränkt. Jeder Mitarbeiter bleibt

nämlich abhängig von einem eigenen festen Arbeitsplatz mit PC und Archivschrank. Nach Betrachtung der Entwicklungen auf dem Gebiet der Unternehmensführung und Kommunikationstechnologie kann dies nur Verwunderung erwecken. Die Technologie macht uns jedenfalls arbeitsplatzunabhängig und die Unternehmensentwicklung macht es häufig selbst notwendig, daß wir flexibel in wechselnden Teams und Projekten mit Menschen zusammenarbeiten.

Auch hier und vielleicht sogar gerade hier ist die Langsamkeit der Kulturveränderung am hartnäckigsten. Die psychologische Veränderung, die nötig ist, um von dem festen Arbeitsplatz Abstand zu nehmen, ist für viele eine Barriere. Es ist dann auch nicht erstaunlich, daß großangelegte Beispiele flexibler Bürokonzepte sehr viel Publicity bekommen haben. Wir denken beispielsweise an das Versicherungsunternehmen Interpolis in den Niederlanden, das 1996 als erstes Unternehmen in großem Maße (für alle 2.000 MitarbeiterInnen) ein flexibles Büro, ohne einen einzigen festen Arbeitsplatz, umgesetzt hat.

Seit 1996 gibt es eine Anzahl großer Organisationen, darunter auch Interpolis, die mit der Einführung neuer Konzepte erste Beispiele aufgezeigt haben. Derzeit finden diese Pioniere zunehmend mehr Nachfolger und in der Praxis zeigt sich, daß der traditionelle Büroaufbau definitiv als veraltet bezeichnet werden kann. In den Niederlanden beispiels-weise experimentieren fast alle großen Organisationen mit neuen flexiblen Konzepten.

Die Beispiele beweisen, daß Unternehmensführung, Kommunikationstechnologie und das Büro heute untrennbar miteinander verbunden sind. Worum es nämlich bei allen dreien im wesentlichen geht, sind die Millionen Menschen, die in der heutigen Situation täglich ihre Arbeit im Büro verrichten.

Im traditionellen Sinne sitzen diese Personen fest auf ihren Bürostühlen und sind meist mit der Verarbeitung administrativer Daten beschäftigt. Derzeit ist der Büroprozeß viel dynamischer und die routinemäßige Arbeit macht zunehmend Platz für Beratungs- und

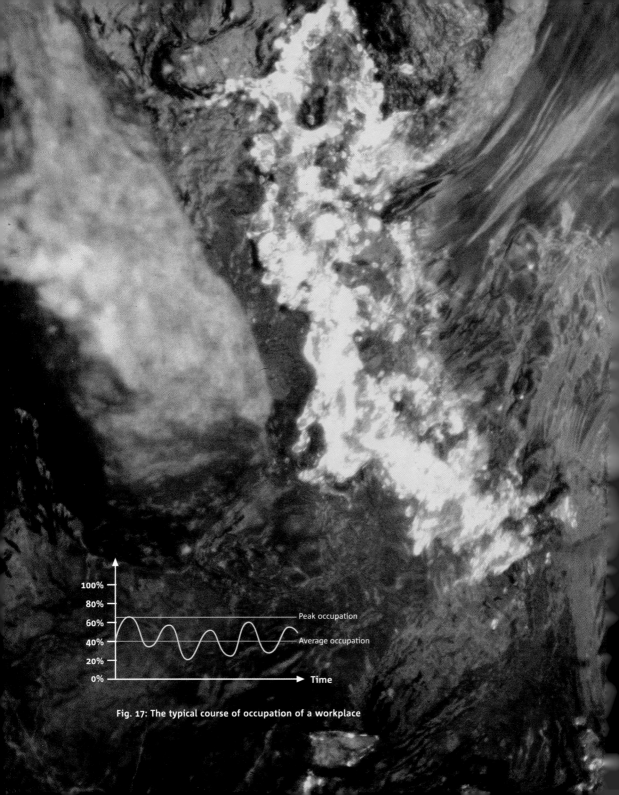

Fig. 17: The typical course of occupation of a workplace

Entwicklungsarbeit, wobei Flexibilität, Schlagfertigkeit und Kreativität gefragt sind. Die Erfahrungen mit neuen Bürokonzepten bestätigen diese Entwicklung. Das Durchbrechen fester Bürotraditionen, wie Raum und Zeit der Arbeit, kann ein ausgezeichnetes Mittel sein, um auch andere Traditionen zur Diskussion zu stellen. Ein großes Potential an Kreativität wird erschlossen, welches eine große Rückwirkung auf die Motivation der Personen und das Rendement der Organisationen haben kann.

Skandinavien

Der Ausgangspunkt für die Entwicklung neuer Konzepte liegt etwa zehn Jahre zurück. In Skandinavien werden kleinangelegte Experimente durchgeführt. Nach anfänglicher Skepsis und Unglauben gab es später sehr viel Anerkennung. Die bekanntesten Beispiele sind Ericsson in Stockholm, Digital in Helsinki und Stockholm und vor allem SOL in Helsinki.

Die oben erwähnten Experimente haben gezeigt, wozu die Informationstechnologie heute imstande ist. Zum ersten Male arbeiten Personen im Büro mit schnurlosen Telefonen, tranparenten Netzwerken und Laptops. Die Konsequenzen sind bemerkenswert. Es wird ohne feste Arbeitsplätze gearbeitet. Die Technologie versetzt die Menschen in die Lage, sehr flexibel ihre Arbeiten auszuführen. Jeder Arbeitsplatz im Büro ist für jeden verfügbar. Der Mitarbeiter muß sich nur in das Netzwerk einloggen und hat seinen eigenen Arbeitsplatz für eine bestimmte Zeit geschaffen.

Dies bedeutet, daß die Informationstechnologie eine Veränderung der Einrichtung des Büros mit sich zieht. Anstelle von starren geschlossenen Konzepten, wie das gängige Zellenbüro, entstehen sehr offene und flexible Konzepte, mit einklappbaren Tischen und kleinen Wagen für persönliche Sachen. Zusätzlicher Vorteil ist der Raumgewinn. Es muß zumindest nicht für jeden Mitarbeiter ein Arbeitsplatz reserviert werden, wie dies in traditionellen Konzepten der Fall ist. Abhängig vom Belegungsgrad sind durchschnittlich etwa 50% der traditionellen Anzahl an Arbeitsplätzen genug, um zu garantieren, daß für jeden und zu jeder Zeit ein Platz verfügbar ist (Figur 17).

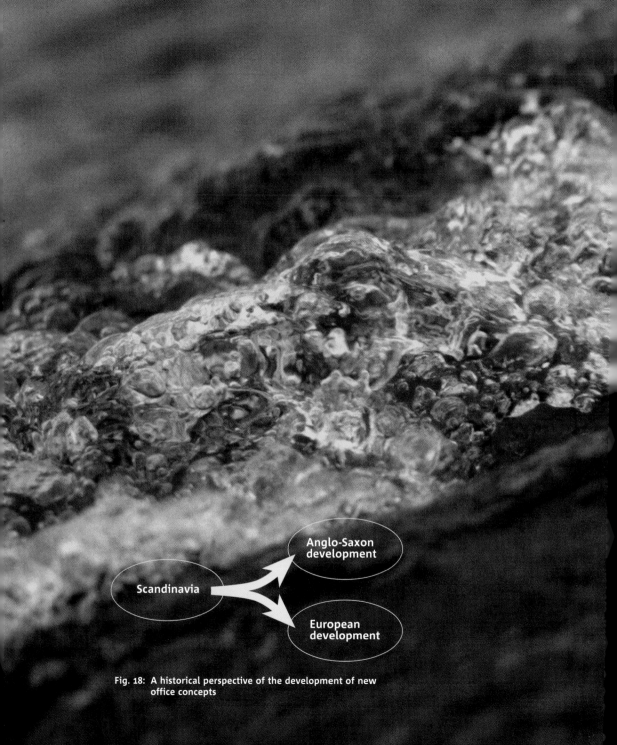

Fig. 18: A historical perspective of the development of new
office concepts

Im Nachhinein betrachtet liegt die größte Bedeutung dieser Projekte nicht in den Folgen für das physische Büro, sondern in dem Einfluß des Büros auf die gesamte Unternehmensführung. Besonders SOL hat als erstes Unternehmen gezeigt, wie weitreichend diese Folgen sind. Auf der Grundlage der neuen Informationstechnologie wird das gesamte Managementsystem des Unternehmens auf den Kopf gestellt. Das Unternehmen hat die feste Zeit und den festen Arbeitsplatz resolut abgeschafft. Jeder Mitarbeiter hat die Freiheit, selbst zu bestimmen, wo und wann sie oder er ihre/seine Arbeit verrichtet. Das bedeutet, daß die Personen nicht verpflichtet sind, ins Büro zu gehen, sie können auch Zuhause arbeiten. Das Büro ist 24 Stunden am Tag an sieben Tagen in der Woche für alle geöffnet, so daß jeder Mitarbeiter selbst bestimmen kann, Zuhause, im Büro oder wo auch immer ihre/seine Arbeit zu verrichten und dabei selbst die Zeitspanne zu bestimmen, in welcher die Arbeit verrichtet wird.

Darüber hinaus ist der Mitarbeiter nicht verpflichtet, eine minimale Anzahl Stunden pro Woche zu arbeiten. Der einzige regulierende Mechanismus ist ein Managementsystem, das auf Ziele und Ergebnisse basiert. Alle Personen berichten regelmäßig, selbstverständlich digital. Damit werden alle anderen Berichte, Kontrollen und Verfahren über Bord geworfen und die Personen sind vollkommen frei und verantwortlich für die Planung und Ausführung ihrer Arbeit.

Diese Projekte sind weltweit bekannt geworden. Es sind erfolgreiche Experimente, die viel Stoff zum Nachdenken gegeben haben. Die allgemeine Schlußfolgerung ist, daß man zuerst in Skandinavien bewiesen hat, daß eine neue Arbeitsweise realistisch ist. Es gab dann auch viele Nachfolger zu diesen Experimenten. Es kann grob zwischen einer angelsächsischen und einer europäischen Entwicklung unterschieden werden (Figur 18).

Zunächst gehen wir auf die amerikanischen und britischen Beispiele ein. Hier liegt die Betonung sehr stark auf dem Raumgewinn. Dies ist natürlich aufgrund der hohen Mietpreise für Immobilien in den Zentren großer Städte wie New York und London verständlich. Traditionell wird hier bereits sehr sparsam mit Raum umgegangen. Meist

The business centre situated at the entrance to the

zone is the focal point. This business centre is the

heart and informal meeting place for the various

teams. A variety of communal facilities are situated

here including the expresso bar, discussion areas,

the secretariat and a library. There is a team centre

on one side of the business centre where there is a

choice of a large number of work areas. Many work

areas are furnished for working in small teams.

Other work areas are suitable for individual activity.

The team centre forms a dynamic and inspiring

entity in which interaction is constantly taking place.

The lounge on the other side of the business centre

presents a very different picture. Here the mood is

very calm. In attractive surrondings on the south

side of the building overlooking a neighbouring

park, one can work in an extremely relaxed

atmosphere.

werden sehr offene Bürokonzepte angewendet, wobei so viele Arbeitsplätze wie möglich auf den verfügbaren Raum verteilt werden.

Der Lernmoment, daß in flexiblen Bürokonzepten nicht mehr für jeden Mitarbeiter ein Arbeitsplatz nötig ist, wird dankbar genutzt, um Raum noch effizienter zu nutzen. Die Vorteile liegen auf der Hand: der Raumgewinn kann sofort durch die Einsparung hinsichtlich des Umfanges der zu mietenden Bürofläche bar gemacht werden.

Die Tatsache, daß die neuen Bürokonzepte auch neue Horizonte für die Unternehmensführung öffnen, wird in diesen Projekten nur eingeschränkt erkannt. Dies wird beispielsweise bei der Betrachtung der Lösungen deutlich. Die Einrichtung des Büros wird vielfach auf die alte Art und Weise erfüllt, meist gemäß dem Konzept des Großraumbüros. Es ist sicherlich eine Einsparung des Umfanges, aber die Zusammenstellung und die Qualität des Büros bleibt unverändert und somit auch die tatsächliche Arbeitsweise im Büro. Die Betonung liegt vor allem auf der Unterstützung der Arbeit ohne festen Arbeitsplatz. Wir denken dabei an automatisierte Reservierungssysteme für Arbeitsplätze (hotel office) und andere Dienste, die darauf ausgerichtet sind, den Arbeitsplatz für den Mitarbeiter nach Bedarf auszurüsten und auf die ordentlichen Benutzung des Büros zu achten (office management).

Bekannte Beispiele von Unternehmen, die auf diese Art und Weise ihre Büros nutzen, sind IBM und Andersen Consulting.

Phase 3 Büro: Business Club
Die Entwicklungen in Europa sind spannender. Hier wird nicht allein die Kostenreduzierung realisiert, sondern auch die implizite Miteinbeziehung der Unternehmensführung in die Entwicklung. Dies führt zu ganz neuen Bürokonzepten, die besonders unter dem Namen 'Business Club' bekannt sind. Charakteristisch dafür ist die Tatsache, daß das Büro eine ganz neue Form bekommt. Es wird nicht nur auf die quantitative Einsparung geachtet, sondern vor allem auf die Schaffung einer ganz neuen Qualität.

Every exit is an entrance somewhere else. (Tom Stopppard)

Das Büro wird nicht länger nach starren Prinzipien des Zellenbüros oder des Großraumbüros eingerichtet. In beiden traditionellen Konzepten ist das Büro nicht mehr als eine Ansammlung zahlreicher Arbeitsplätze, entweder in einer offenen Struktur (Großraumbüro) oder in einer geschlossenen Struktur (Zellenbüro). Die Definition des Zellenbüros von Architekt Louis Sullivan, der 1896 in Chicago das 'Garrich Building' entworfen hat, ist noch immer für die meisten heutigen Büros aktuell: '... eine unbestimmte Anzahl aufeinandergestapelter Etagen, eine Etage gleicht der anderen, ein Büro gleicht dem anderen, jedes Büro ist wie eine Zelle in einem Bienenstock angeordnet. Ausschließlich eine Zelle, sonst nichts...'

Die neuen Konzepte sehen ganz anders aus. Das Büro wird als ein 'Business Club' angesehen, d.h. es ist Treffpunkt für Kolleginnen und Kollegen, die einander für die tägliche Arbeit brauchen. Die Betonung liegt auf der Kommunikationsfunktion des Büros. Es werden zahlreiche Einrichtungen bzw. Vorrichtungen geschaffen, die diese Arbeitsweise unterstützen:
- informelle Kommunikationsstellen (z.B. Club oder Café),
- offene Kommunikationsstellen (z.B. Lounge oder Sitzecke),
- geschlossene Kommunikationsstellen (z.B. Projekträume oder Teamräume).

Das Arbeitsplatzangebot bietet ein variierendes Bild:
- geschlossene individuelle Plätze für konzentriertes Arbeiten,
- Teamräume und Projekträume für die Zusammenarbeit in Gruppen,
- offene Arbeitsgebiete für das Arbeiten und Entspannen in kommunikativer Atmosphäre.

Das Konzept geht davon aus, daß Personen die Freiheit und Verantwortung haben, selbst zu bestimmen ob und wie sie das Büro nutzen. Beispielsweise morgens konzentriert mit einer Anzahl Kolleginnen und Kollegen in einem Projektraum an einem gemeinsamen Auftrag arbeiten und mittags individuell Dinge in einem offenen Teamraum oder der Lounge erledigen. In diesem Sinne bekommt das Büro einen dynamischen Charakter und die Zusammenarbeit wird wirklich inspiriert und vereinfacht.

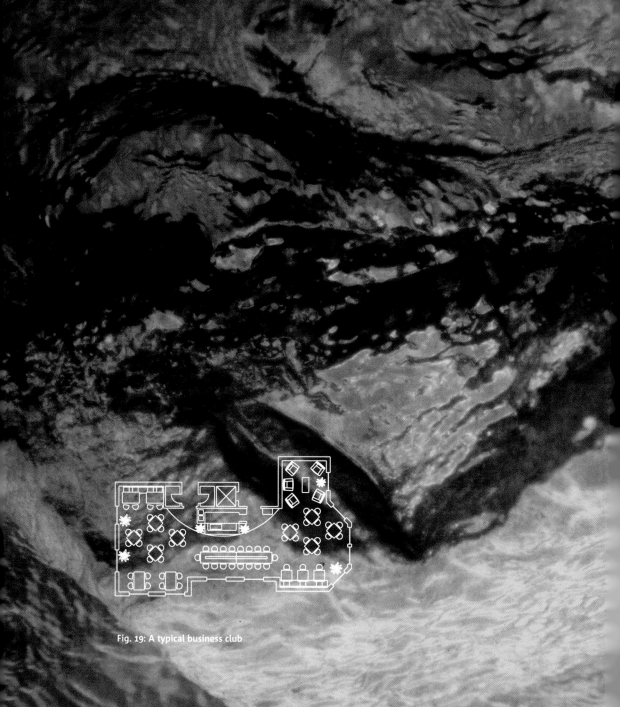

Fig. 19: A typical business club

Die Atmosphäre ist größtenteils sehr informell, das Arbeiten ist ergebnisorientiert. Im Business Club Konzept wird daher viel Wert auf die Atmosphäre der Arbeitsumgebung gelegt. Anstelle von langweiligen grauen Büroräumen, gibt es ansprechende Räume, die stimmungsvoll eingerichtet sind und in denen man sich gerne aufhält.

Integrale Vorgehensweise

Damit wird sehr stark die Beziehung zur Unternehmensführung gefestigt. Besonders das Streben nach Flexibilisierung der Büroorganisation in eine Verbesserung der internen Kommunikation und die Ergebnisorientierung sind integraler Bestandteil des Bürokonzeptes. Ferner wird der Anschluß an neue Arbeitsformen, wie Teamstrukturen und das Unternehmen innerhalb des Unternehmens gefunden.
Schließlich ist auch die Entwicklung der Kommunikationstechnologie integraler Bestandteil des Konzeptes. Wir denken dabei besonders an die Flexibilisierung des Netzwerkes, die Telefonarbeit sowie die Entwicklung der Digitalisierung von Informationen, wie Document Management, Workflowmanagement und Groupware.

Zusammenfassend kann das Business Club Konzept folgendermaßen charakterisiert werden:
- flexible Nutzung des Büros,
- Variation an räumlichen Vorrichtungen bzw. Einrichtungen: Arbeitsplätze für die Zusammenarbeit im Team oder Projekt sowie Arbeitsplätze für individuelles Arbeiten,
- informelle und angenehme Büroatmosphäre,
- flexible Einrichtung der Technologie, wodurch jeder Mitarbeiter ohne festen Arbeitsplatz seine Arbeit im Büro verrichten kann,
- papierarme Arbeitsweise (Figur 19).

Tatsächlich wird mit einem Business Club Konzept die Voraussetzung für eine flexible Arbeitsweise innerhalb und außerhalb des Büros geschaffen. Diese Voraussetzungen sind z.B. eine flexible Kultur, eine flexible Arbeitsweise, eine weitreichende Digitalisierung von Information und Kommunikation sowie ein ergebnisorientiertes Managementsystem.

The boundaries of the office are disappearing

We haven't been dependent on our fixed workplace and

the fixed working hours at the office to carry out our work

for a long time. We now work flexibly:

Within the office walls

Using flexible networks at the office we can log on every-

where and we can work in different locations in differing

combinations (varying: individual, in teams or in projects).

Outside the office walls

Via on-line connections and Internet connections, we

can work outside the office at any time (at home, at a

customer's premises or in the Internet café) or in any given

location using mobile lap-tops.

Brauchen wir denn überhaupt gar kein Büro mehr?

Bei einer völlig flexiblen Arbeitsweise stellen wir uns die Frage, ob wir überhaupt noch ein Büro brauchen. Noch interessanter ist die Frage, die dem voraus geht: Wie organisieren wir unsere Arbeit mit Hilfe der neuen Technologien optimal? Denken wir zunächst darüber nach, was geschieht, wenn wir unsere festen Bürozeiten (von 9 bis 17 Uhr) vergessen. Wie organisieren wir dann unsere Arbeit?

Informationen sind 24 Stunden am Tag und sieben Tage die Woche verfügbar. Wir können theoretisch auch 24 Stunden am Tag und sieben Tage die Woche kommunizieren. Wir können Informationen digital versenden bzw. zur Verfügung stellen. Dies bedeutet, daß wir individuelle Arbeit zu jeder Zeit und an jedem Ort verrichten können, der mit einem Netzwerk verbunden ist. In diesem Sinne kann ein jeder frei entscheiden, wann und wo sie/er arbeitet.

Die Einschränkung liegt ausschließlich bei Aktivitäten, bei denen ein persönlicher Kontakt notwendig ist. Die Kunst liegt also darin, diese persönlichen Kontakte gut zu organisieren. Dies ist eine ganz neue Angehensweise. Traditionell gehen wir davon aus, daß jeder von 9 bis 17 Uhr im Büro anwesend ist und wenn wir eine Person persönlich brauchen, wissen wir, wo diese ist. Dies scheint die heutige Situation widerzuspiegeln, doch ist dies nicht der Fall. Die durchschnittliche Arbeitsplatzbesetzung liegt bei nur etwa 30% und wir wissen aus Erfahrung, daß, wenn wir unangekündigt jemanden sehen wollen, wir diese Person meist nicht antreffen. Ferner haben wir für unsere Arbeit zunehmend Kontakt mit Personen, die sozusagen 'entfernt' arbeiten (Kunden, Abnehmer, Kolleginnen und Kollegen anderer Niederlassungen, sowie externe MitarbeiterInnen). Die physische Anwesenheit ist für unsere Kommunikation von geringerer Bedeutung, besonders wo wir nicht mehr von Dokumenten in Papierform abhängig sind. Die Gründe beieinander zu sitzen haben demnach andere Ursachen.

Die erste und wichtigste Ursache ist wahrscheinlich die Gewohnheit. Früher mußten wir beieinander sitzen, um zu arbeiten. Nur im Büro war alles vorhanden, was wir zum

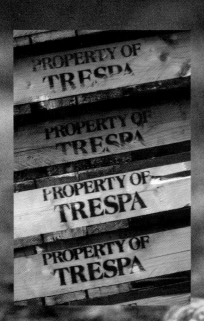

Arbeiten benötigten, wie z.B. das Telefon, um erreichbar zu sein, der PC zur Informationsverarbeitung, sowie die Akten (in Papierform). Jeder ist also gewohnt, seine Arbeit um den festen Arbeitsplatz im Büro zu organisieren. Mit dem Verschwinden der technischen Notwendigkeit des festen Arbeitsplatzes verschwinden natürlich nicht automatisch auch unsere Gewohnheiten. Dies ist tatsächlich ein uneigentliches und unausgesprochenes Argument, aber es ist bei der Diskussion zu diesem Thema nicht zu unterschätzen.

Eine zweite wichtige Ursache ist das natürliche Bedürfnis an Zusammengehörigkeit. Es ist wesentlich inspirierender, in einer Umgebung mit Kolleginnen und Kollegen zusammenzuarbeiten, die an einem gemeinsamen Ziel arbeiten, statt ganz allein die Arbeit zu verrichten. Diese Funktion ist mit einer Kirche oder einem Clubhaus vergleichbar. Hier geht man regelmäßig hin, um Inspirationen zu bekommen, Seelenverwandte zu treffen, oder einfach nur der Geselligkeit halber. Hier findet man Trost und Unterstützung, kann seinen geistigen Akku aufladen und man kann lachen und relativieren. Diese sozialen menschlichen Bedürfnisse spielen eine wichtige, häufig jedoch unterschätzte Funktion im Büro.

Wie wichtig diese beiden Ursachen auch sind, sie können nicht die Gründe sein, Menschen jeden Tag zu zwingen, von 9 bis 17 Uhr im Büro zu sein. Die Anwesenheit im Büro soll optional sein. Eine Möglichkeit, einen Ort zu finden, wo man einander in einer angenehmen Atmosphäre trifft und wo man zusammenarbeiten, voneinander lernen, einander helfen und inspirieren kann.

Dies stellt ferner unsere Versammlungskultur in ein ganz anderes Licht. Ein Großteil der heutigen Versammlungen wird zum Informationsaustausch genutzt, der auch digital möglich gewesen wäre. In diesem Sinne kann bei besserer Nutzung dieser digitalen Möglichkeiten viel Zeit (inkl. Reisezeit) gespart werden. Tatsächliche Zusammenkünfte können dann eher dem Erfahrungsaustausch, der Diskussion und der Betreuung (Coaching) dienen, um gegenseitig Ideen zu entwickeln bzw. auszutauschen und von-

Phase 3: New business dimensions

Result-oriented agreements are arrived at between the company

on the one hand and individuals or small teams on the other.

People are expected to have an enterprising attitude which can

even lead to small flexible teams operating as independent

companies (virtual businesses). Groupware and E-commerce is

used to make use of communal information and to conduct

business. There is no dependence on fixed locations whatsoever.

People work in a mobile manner, from home and meet each

other in attractive venues in order to work together and

exchange ideas in a creative atmosphere.

einander zu lernen. Dazu ist es ratsam, inspirierende Örtlichkeiten anstelle der gebräuchlichen, langweiligen und häufig geisttötenden Konferenzräume zu benutzen. Ein Café, ein Restaurant, ein Schloß, eine Terrasse oder sogar ein Wohnhaus könnten häufig wesentlich inspirierender sein.

Die Schlußfolgerung ist, daß wir Bedarf an kleinangelegten Clubs haben, in denen wir in inspirierender Umgebung unsere Arbeit verrichten und mit Sinnverwandten und Teamkolleginnen und -kollegen Rücksprache halten können. Die Benutzung dieser Clubs ist vom Bedarf abhängig. Manchmal müssen wir uns mit anderen abstimmen, manchmal brauchen wir Inspiration und soziale Bindung. Die Notwendigkeit, jeden Tag von 9 bis 17 Uhr im Büro zu sein, fällt jedoch weg. Wir können die Zeit und den Ort für unsere Arbeit viel besser auf unsere Bedürfnisse abstimmen und auf diese Art und Weise wesentlich effizienter und angenehmer mit Zeit und Raum umgehen.

Bekannte Beispiele von Unternehmen, die ein Business Club Konzept umgesetzt haben, sind The Vision Web, dvg Datenverarbeitungsgesellschaft und Trespa International (siehe dazu auch Kapitel 4).

It's not where we stand but in what direction we are moving. (Goethe)

	TRADITIONAL WAY OF WORKING	TRANSITIONAL PERIOD	NEW BUSINESS DIMENSIONS
BUSINESS ORGANISATION	• Bureaucratic structures • Many layers of management • Fixed procedures • Fixed employment contracts • Fixed task descriptions • Fixed remuneration	• Team and project structures • Flat organisations • Business Process Re-engineering • Flexible employment contracts • Responsibility for results • Changing internal collaboration • Flexible remuneration	• Network structures • Independent teams and units • Contracts • Business within a business • Internal and external collaborative links • Result-dependent remuneration
COMMUNICATION TECHNOLOGY	• Fixed telephone • Fax • Post • Paper filing • Meetings • Island technology	• GSM • E-mail • Digital filing • Internal systems	• Internet • Extranet • Websites • E-commerce • Groupware
OFFICE	• Fixed workplaces • Cellular office and open-plan office • Fixed working hours	• Flexible workplaces • Combi office • Flexible working hours	• Business clubs • Mobile working • Working from home • Grand café • Personal arrangement of private and work time

© Concept-international bv

Fig. 20: Development model www.newbusinessdimensions.com

3.4 Der Zusammenhang

In der Tabelle ist der Entwicklungsweg zusammengefaßt (Figur 20).

Wenn wir die Positionen von Organisationen in dem Modell zu vergleichen versuchen, ist es wichtig zu wissen, daß wir es in jeder Branche, in jedem Land und auf jedem Markt mit anderen Kulturen zu tun haben. Es liegt also auf der Hand, den eigenen Betrieb zunächst mit der direkten Konkurrenz zu vergleichen. Auf der anderen Seite sprechen wir von einer globalen und branchenunabhängigen Entwicklung, so daß wir unseren Horizont nicht auf unsere direkte Konkurrenz beschränken können.

Ein anderer Punkt ist, daß man sich darüber im klaren sein muß, daß jede Übergangs-phase eine psychologische Barriere darstellt. Jede Entwicklung in dem Modell geht mit einem Veränderungsprozeß einher. Das Maß, in dem man hier erfolgreich sein kann, wird von der Frage bestimmt, in wie weit man in der Lage ist, die psychologischen Widerstände zu überwinden. Vorbereitung, Kommunikation und Betreuung (Coaching) sind dabei von großer Bedeutung. Jeder innerhalb einer Organisation muß betroffen sein und miteinbezogen werden. Das Management ist verantwortlich für die Begleitung des Prozesses und muß jedem die Zeit und den Raum geben, sich auf die neue Situation vorzubereiten und einzustellen.

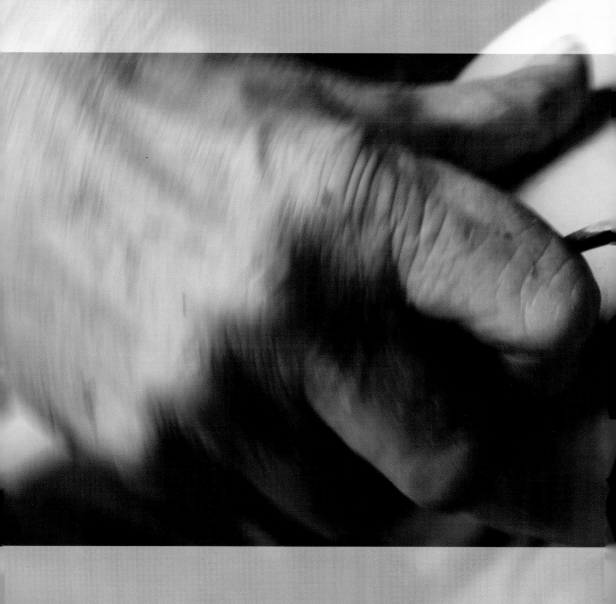

AT WORK

Tell me and I'll forget,
Show me and I'll remember,
Involve me and I'll understand

Confucius

The practice

Many people develop theories. There are few, however,

who know how to put theory into practice:

    The Vision Web

    dvg Datenverarbeitungsgesellschaft

    Trespa International

    Concept-international

4.   Die Praxis

Es werden, wie bereits zuvor erwähnt, zahlreiche Organisationen genannt, die sich auf dem Weg zu einer unternehmerischen Kultur befinden. Es gibt jedoch nur wenige, die dies auf eine integrale Art und Weise tun und damit bereits fortgeschritten sind. Auf eine Anzahl guter Beispiele werden wir in diesem Kapitel näher eingehen:

- The Vison Web
- dvg Datenverarbeitungsgesellschaft
- Trespa International
- Concept-international

4.1 The Vison Web

Wenn wir von Unternehmertum sprechen, ist The Vison Web ein eindrucksvolles Beispiel. Sehr deutlich wurde bewiesen, wie visionäre Leitung derzeit zu großem Erfolg führen kann. Wie ist es möglich, daß ein Unternehmen in drei Jahren von drei auf 350 Personen anwachsen kann, ganz ohne Büroräume?

Die Initiative

1996 beschlossen drei Kollegen (Eric van Mieghem, Fred Pols und Theo Punter), ein neues Unternehmen zu gründen. Auf der Grundlage jahrelanger Erfahrungen haben die drei eigene Ideen über die Unternehmensführung einer Organisation entwickelt. Mit der Bekanntschaft mit Semco haben sie ihren Durchbruch geschafft. Die Art und Weise, mit der Ricardo Semler sein Unternehmen organisiert, ist für die Initiatoren ein Beweis, daß ihre eigenen Ideen praktikabel sind.

Unter dem Namen Solvision wurde ein Consultancy-Unternehmen gegründet, speziali-siert auf komplexe Fragen, Aufgaben und Probleme im Informations- und Kommuni-kationstechnologie-Bereich. Von Anfang an wird der Mensch in der gesamten Unterneh-mensführung in den Mittelpunkt gestellt. Aus der Überzeugung heraus, daß der Erfolg von der Qualität und Motivation der Personen abhängig ist, wird jeder zum Unternehmer im Unternehmen. Das zentrale Motto lautet: 'turning talent into enterprise'.

The Vision Web

Die Formel

Spricht man über das Unternehmen, benutzen die Initiatoren häufig den Begriff 'Formel'. The Vison Web wird dann als ein Betreiber einer Unternehmensformel gesehen, in der Platz für zahlreiche Initiativen ist. Wie gehört das nun zusammen?

Auf der Grundlage des Erfolges von Solvision wurden parallel acht weitere Unternehmen gegründet. Jedes dieser Unternehmen hat sein eigenes Spezialgebiet, z.B. Colsultancy, Projektmanagement, Implementierung oder Betrieb, aber auch sein eigenes Gesicht und damit seinen eigenen Wiedererkennungswert auf dem Markt. Die gemeinsame Formel und die gemeinsame Arbeitsweise wird in der übergreifenden Organisation The Vison Web gelagert. The Vison Web ist damit Betreiber der Unternehmensformel und vereinigt die neuen Unternehmen. Jedes der neun Unternehmen besteht aus Mikro-Unternehmen, d.h. aus kleinen Teams, die Initiatoren, Manager und Unternehmer von einer bestimmten Unternehmensaktivität sind.

Alle Personen sind sowohl Mitaktionäre als auch MitarbeiterInnen im Arbeitsverhältnis. Ferner wird ein Teil des Gewinns von den Mikro-Unternehmen untereinander zwischen den Teilnehmern verteilt. Auf diese Art und Weise ist ein großes Engagement bei den eigenen Aktivitäten und bei dem Unternehmen als Ganzes gewährleistet. An der Basis des Ganzen stehen also die Mikro-Unternehmen.

Kontinuierlich werden neue Mikro-Unternehmen gegründet. Jeder kann dazu die Initiative ergreifen, ein Team aufstellen und den Unternehmensplan einer selbst zusammengestellten Resonanzgruppe vorlegen. Nach reiflicher Erwägung beschließen die Initiatoren selbst, den Beginn der Unternehmung. Von Anfang an ist man verantwortlich für die Unternehmensführung des Mikro-Unternehmens, d.h. Personalwerbung, Auftragsakquirierung, Gewinn- und Verlustrechnung, Produktentwicklung und das Image auf dem Markt liegt in der Verantwortung des Teams.

The Vision Web

The Vison Web ist also die Unternehmensformel. Der Zusammenhang wird durch eine gemeinsame Unternehmensphilosophie sowie einer Anzahl gemeinsamer Absprachen bestimmt. Es werden beispielsweise integrale Wissenssysteme und gemeinsame Kundeninformationen genutzt. Die Unternehmen operieren von einer gemeinsamen Arbeitsumgebung und einer gemeinsamen technischen Infrastruktur aus.

Die Formel basiert auf den folgenden fünf Säulen:

- Respekt und Vertrauen
- Eigenverantwortung
- natürliches Unternehmen
- Talente über Strukturen
- Synergie zwischen den Menschen

Die Vorgehensweise

Es entstehen ständig neue Initiativen, die abhängig vom Bedürfnis des Marktes eine kurze oder lange Lebensdauer haben. Es findet damit eine natürliche Entwicklung statt, die nicht von Marketingplänen und Beschlüssen der Geschäftsführung abhängig ist, sondern von den Interessen und Ambitionen der Personen. Die Unternehmensentwicklung ist hierdurch von der Nachfrage von Seiten des Marktes, dem Bedürfnis von bestehenden Kunden sowie der Kraft und Motivation der Personen und der Teams abhängig.

Es ist die Rede von einer völlig offenen Kultur. So sind die Unternehmensinformationen, einschließlich finanzieller Informationen und Gehälter für jeden zugänglich. Dies ist übrigens auch eine Bedingung für diese Art von Unternehmen. Auch gibt es eine völlig offene externe Orientierung. Arbeitet beispielsweise eines der Teams an einem Projekt, kann es für zusätzliche Arbeiten ein anderes Team von The Vison Web einschalten, aber es steht zugleich frei, einem Konkurrenzunternehmen einen Auftrag zu erteilen. Man lernt voneinander und von anderen externen Organisationen.

Ein anderes Beispiel für die offene Netzwerkstruktur sind die zahlreichen virtuellen Gruppen (virtual communities). Losgelöst von primären Unternehmensaktivitäten sind

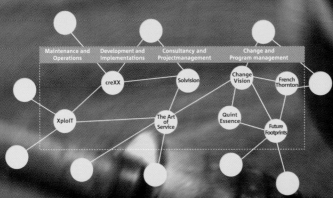

Fig. 21: Network organisation The Vision Web

Meeting and work area

Fig. 22: Lay-out The Vision Web

dies Treffpunkte für Personen mit gleichen Interessen. Diese virtuellen Gruppen gehen über die Unternehmensgrenzen hinaus und bestehen sowohl aus internen als auch aus externen Personen. Es werden Treffen organisiert, auf denen man sich trifft, um über aktuelle Themen nachzudenken und sich auszutauschen, Vorträge zu halten und miteinander zu diskutieren (Figur 21).

Die tägliche Arbeitsweise wird von innovativen Technologien unterstützt. Im Mittelpunkt steht dabei das Intranet. Im Intranet sind alle unternehmensrelevanten Dinge für jeden zugänglich. Dies umfaßt unter anderem Wissenssysteme, finanzielle Administration, sowie Zahlen und Ergebnisse (balanced score cards). Jeder Mitarbeiter kann sich von überall her in das Netzwerk einwählen. Jeder hat Zuhause einen Arbeitsplatz mit ISDN-Anschluß, ferner verfügt jeder über ein Mobiltelefon und ein Laptop, um auch unterwegs oder beim Kunden arbeiten und sich in das Netzwerk einwählen zu können.

Ein Büro gibt es nicht. Da jedes Team sich selbst unterstützt, gibt es auch keinen zentralen Stäbe. So ist jeder beispielsweise nur auf seiner Mobilnummer erreichbar. Durch die hohe Mobilität funktioniert dies wesentlich besser als eine Telefonzentrale, die damit überflüssig wird. Wie gesagt: es gibt kein Bürogebäude. Die physische Bindung besteht aus einer Anzahl Treffpunkten, eingerichtet als Grand-Cafés in charakteristischen Gebäuden. Hier finden interne Treffen statt und es treffen sich die Mikro-Unternehmen und die virtuellen Gruppen. In einer völlig informellen Atmosphäre wird damit die Basis für eine gemeinschaftliche Bindung und gegenseitiges Engagement gelegt. Niemand ist verpflichtet, zum Café zu kommen, aber das Interesse an den Treffen ist dennoch sehr groß. Darüber hinaus kann man auch außerhalb der Treffen das Café jederzeit aufsuchen, wenn man in einer inspirierenden Umgebung allein oder im Team zusammenarbeiten will.

Dies kann direkt im Café sein, in dem man sich an verschiedenen Stellen einloggen kann. Wenn man in einer etwas ruhigeren Atmosphäre arbeiten will, kann man sich in die erste Etage des Cafés zurückziehen, wo eine Anzahl flexibler Arbeitsplätze und kleiner Besprechungsräume eingerichtet ist. Insgesamt sind etwa 30 Plätze für etwa 350 Personen ausreichend (Figur 22).

The Vision Web

Die Zukunft

The Vison Web entwickelt sich sehr schnell. 1999 wurde von einer Verdopplung des Umsatzes und des Gewinns bis zu jeweils ca. 30 Mio. und 7 Mio. Euro ausgegangen. Dieses Wachstum kommt völlig autonom zustande und nicht durch Fusion oder Übernahme. Daß dies möglich ist, liegt an der Motivation der Personen. Jeder wirbt neue Kolleginnen und Kollegen an, jeder wirbt neue Kunden an.

Das Interesse von Seiten des Marktes wie auch von Seiten der Fachleute für diese Art von Unternehmen ist groß. Hierdurch entstehen neben den Initiativen in den Niederlanden (mit derzeit Versammlungsorten in Delft, Veldhoven und Groningen) auch Initiativen im Ausland, wo ebenfalls ein Interesse für diese neue Art von Unternehmen besteht. Besonders in Brüssel, Frankfurt und Madrid starten neue Initiativen.

4.2 dvg Datenverarbeitungsgesellschaft

Die Implementierung neuer Arbeitskonzepte erfordert eine grundlegend neue Denkweise, das Loslassen bestehender Sicherheiten, Mut, Durchsetzungsvermögen und vor allem Vision und Überzeugung. Im folgenden wird das Business Club Konzept und das dvgOFFICE21® vorgestellt und näher erläutert. Es werden die Hintergründe, die Herkunft des Projektes, die Ergebnisse und wichtigen Entscheidungen, die das Projekt zu seinem heutigen Erfolg geführt haben, dargestellt.

Die Hintergründe

In den 70er Jahren sind zahlreiche deutsche Banken eine intensive Zusammenarbeit auf dem Gebiet der Informationstechnologie eingegangen. Die bestehende IT-Kenntnis dieser Banken wurde in einem neuen Unternehmen zusammengeschlossen: dvg Datenverarbeitungsgesellschaft mbH.

Derzeit ist die dvg zu einem großen IT-Dienstleistungsunternehmen herangewachsen, das sich auf die Entwicklung und die Verwaltung der IT auf dem Bankensektor spezialisiert hat. Der wichtigste Kundenkreis wird von zahlreichen Sparkassen und Landesbanken gebildet.

dvg

Der Hauptsitz der dvg befindet sich in Hannover. Das Unternehmen ist in den vergangenen 10 Jahren von 400 auf 1.500 MitarbeiterInnen angewachsen; der Jahresumsatz ist in diesem Zeitraum von 99 Mio. DM auf 600 Mio. DM gewachsen.

In 1992 begann der Vorstand der dvg mit der Entwicklung eines Strategieplans. In diesem Plan wird die Zukunftsvision entwickelt, die unter anderem die Grundlage für den Bau eines neuen Büros darstellt. Während einer Studienreise nach Skandinavien wurden verschiedene neue Bürokonzepte besucht. Besonders das sogenannte Kombi-Konzept der skandinavischen Luftfahrtgesellschaft SAS in Stockholm entspricht den Vorstellungen. Die Transparenz innerhalb der Arbeitsumgebung und die offene informelle Betriebskultur schließen an die Zukunftsvision der dvg an.

Dieses Konzept bildet den Ausgangspunkt für die erste Phase des Neubaus. Darin wurde das Rechenzentrum und Kombibüros für etwa 200 MitarbeiterInnen realisiert. Auf der Grundlage erster Erfahrungen mit diesem neuen Konzept und die erste Begegnung mit flexiblen Bürokonzepten anderer Unternehmen (insbesondere Interpolis in den Niederlanden), entstand die Idee, in der zweiten Phase des Baus, der den restlichen über 1.000 MitarbeiterInnen Platz bieten soll, noch einen Schritt weiter zu gehen.

Der Zusammenhang zwischen Bürokonzept, IT-Entwicklung und Organisationsentwicklung wird nämlich zunehmend deutlicher. Durch die Entwicklung der Organisation besteht zunehmender Bedarf an Flexibilität und diversen Formen der Zusammenarbeit und Kommunikation. Das Projekt wird daher in eine weite Perspektive gerückt und bekommt durch den integralen Ansatz einen einzigartigen Charakter.

dvgOFFICE21®

Auf der Grundlage der Zukunftsstrategie sind einige Projekte in der Entwicklung: die Entwicklung der Betriebskultur, die Personalentwicklung, sowie die IT-Entwicklung. Denkt man über das Bürokonzept nach, so wird schnell deutlich, daß diese drei Punkte miteinander verbunden sind: 'Wenn wir flexibel arbeiten wollen, sind wir gezwungen, die gesamte Arbeitsweise integral anzugehen.'

dvg

Das zentrale Thema aller Projekte ist der Kunde. Nur wenn wir kreativ und flexibel im Dienste des Kunden arbeiten, können wir die Kontinuität auf lange Sicht gewährleisten. Kundengerechtes Arbeiten und Denken stehen im Vordergrund. Der Kunde stellt zunehmend höhere Ansprüche an die Dienstleistungen. Dies hat Folgen für das Verhalten und die Arbeitshaltung aller MitarbeiterInnen. Der Mitarbeiter muß zunehmend unternehmerisch denken: als Unternehmer innerhalb des Unternehmens. Dazu ist Mitdenken, Loyalität, Verantwortungsgefühl und die Freiheit, eigene Entscheidungen zu treffen, eine Voraussetzung. Durch eine flexible und innovative Haltung steht die dvg stärker auf dem Markt und kann neue Chancen nutzen.

Um den MitarbeiterInnen tatsächlich die Möglichkeit zu geben, unternehmerisch und flexibel zu arbeiten, sind neue Strukturen notwendig, die auf kleinen Teams basieren, die als 'Unternehmen innerhalb des Unternehmens' funktionieren. Diese Teams sind verantwortlich für ihre Arbeit auf der Grundlage ihrer Ergebnisse. Dies bedeutet, daß auch die entsprechende Vergütung ergebnisabhängig ist. Zugleich wird man sich dessen bewußt, daß die Kommunikationstechnologie diese erhöhte Flexibilität unterstützen muß, selbst über die Bürogrenzen hinaus.

Die Zukunftsvision, die eigenen Erfahrungen in der ersten Phase und die Beispiele Dritter, sind ausschlaggebend. Es wird beschlossen, ohne feste Arbeitsplätze zu arbeiten und das Büro informell einzurichten, gemäß des Business Club Konzeptes. Das Anforderungsprofil für den bereits begonnenen Neubau wird geändert.

Nach Rücksprache mit der Fraunhofer-Gesellschaft wird ein Anschluß mit dem Forschungsprojekt OFFICE21® vorgesehen. Es wird ein integrales Projekt definiert: dvgOFFICE21®. Dieses Projekt umfaßt folgendes:
- Das Business Club Konzept, das die räumlichen Bedingungen für die MitarbeiterInnen bietet, um flexibel innerhalb des Büros arbeiten zu können.
- Das IT-Konzept, um diese Flexibilität zu unterstützen. Dazu gehören Netzwerkinfrastruktur, Arbeitsplatzeinrichtung und Dokumentenmanagement.

The person who says it cannot be done

should not interrupt

the person doing it. (Chinese proverb)

dvgOFFICE21®

Business club Office concept	Communication technology	Company and management culture	Result-dependent personnel policy	Profit/service centre administration

LAN infrastructure	Work area PCs	Office technology	Tele-communication	E-document (paperless office)	Mobile working

Fig. 23: Project organisation dvgOFFICE21®

Source: dvg

- Das organisatorische Konzept, innerhalb dessen kundengerechtes Handeln im Mittelpunkt steht. Die wichtigsten Teile davon sind: die Entwicklung von Team- und Center-Strukturen, die Entwicklung eines ergebnisorientierten Vergütungs- bzw. Lohnsystems, sowie eine neue finanzielle administrative Organisation und Planung.

Im Schema 23 wird die Projektorganisation zusammengefaßt.

Die vorgesehenen Projektziele sind deutlich, doch ist der Weg dahin unsicher. Zahlreiche scheinbare Sicherheiten werden beleuchtet und müssen auf eine neue, andere Art und Weise betrachtet werden. Eine wichtige Rolle dabei spielt die Begleitung bzw. Betreuung der MitarbeiterInnen.

In einem frühen Stadium wurde beschlossen, eine Pilotzone einzurichten. Hier wird die räumliche Komponente des Business Club Konzeptes sowie die dazugehörige Kommunikationstechnologie realisiert. Zurückblickend ist dies ein wichtiger Schritt gewesen. Etwa 50 MitarbeiterInnen benutzen diese Zone, um die zukünftige Arbeitsweise und die realisierten technischen Lösung in die Praxis umzusetzen. Besonders die IT-Komponente ist sehr komplex. Platzunabhängiges Arbeiten in einem Unternehmen, in dem mehr als 300 verschiedene Softwareanwendungen genutzt werden, ist eine nicht zu unterschätzende Aufgabe.

Der organisatorische begleitende Prozeß beginnt mit einer fundamentalen Diskussion über die gewünschte zukünftige Arbeitsweise und das Erörtern der Zukunftsvision. In dieser Phase scheint das Aufgeben bestehender Sicherheiten und das Suchen neuer Wege zu einer Unsicherheit zu führen. Auch wird das Projekt mit Kritik bzw. irrationalen Beschwerden konfrontiert. Langsam fühlen sich die MitarbeiterInnen aber mehr miteinbezogen und betroffen und das Vertrauen wächst. Es wird beispielsweise über die Verwendung von Arbeitsgebieten, die Funktion des Sekretariats und die Zusammenarbeit miteinander diskutiert. Dieser Prozeß dauerte etwa ein Jahr. Letztendlich haben alle Teams selbst Absprachen gemacht, wie sie zukünftig in dem neuen Konzept zusammenarbeiten.

change

The world hates change yet it is the only thing that has brought us progress. (Charles Ketting)

Der Business Club

Der Business Club ist der sogenannte 'Heimathafen' der Teams. Jedes Team hat gemeinsam mit einer Anzahl anderer Teams ein eigenes Arbeitsgebiet. Innerhalb dieses Arbeitsgebietes arbeiten durchschnittlich etwa 50 Personen auf flexible Art und Weise zusammen. Es gibt keine festen Plätze, aber es gibt eine große Variation an Räumlichkeiten. Es gibt zahlreiche informelle Besprechungsmöglichkeiten. Dies variiert von einer Espresso-Bar zu diversen Team- und Projekträumen. Obgleich das gesamte Konzept im Zeichen der Zusammenarbeit steht, gibt es auch Arbeitsplätze, wo man sich zurückziehen kann. So gibt es individuelle Arbeitsplätze, wo man die Tür hinter sich schließen kann, um ungestört zu sein. Darüber hinaus gibt es eine Lounge, wo man sich in entspannter Atmosphäre gemeinsam mit anderen zurückziehen kann.

Der Business Club ist in die folgenden drei Zonen unterteilt:
• Business Center
• Teamcenter
• Lounge

Zentral steht das Business Center, das sich am Eingang der Zone befindet. Dieses Business Center ist das Herz und informeller Treffpunkt für die verschiedenen Teams. Hier befinden sich verschiedene gemeinschaftliche Einrichtungen: unter anderem die Espresso-Bar, Besprechungsräume, das Sekretariat und eine Bibliothek. An der einen Seite des Business Centers befindet sich das Teamcenter. Hier hat man die Wahl aus einer Anzahl von Arbeitsplätzen. Zahlreiche Arbeitsplätze wurden eingerichtet, um in kleinen Teams zusammenarbeiten zu können. Andere Arbeitsplätze sind für individuelles Arbeiten geeignet. Das Teamcenter bildet ein sehr dynamisches und inspirierendes Ganzes, in dem ständige Interaktion stattfindet. Die Lounge ist ganz anders konzipiert. Sie befindet sich an der anderen Seite des Business Centers. Hier herrscht eine ruhige Atmosphäre. In einer attraktiven Umgebung. An der Südseite des Gebäudes mit Ausblick auf den angrenzenden Park, kann man in entspannter Atmosphäre arbeiten.

Fig. 24: Lay-out dvg (overview of building)

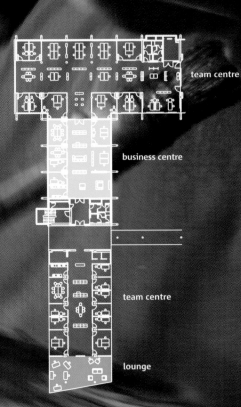

team centre

business centre

team centre

lounge

Fig. 25: Lay-out dvg (work area)

Insgesamt gibt es für die gesamte Organisation 30 Business Clubs, verteilt auf vier Etagen. Diese Zonen sind durch eine Straße miteinander verbunden, die vom Eingang aus durch die verschiedenen Zonen verläuft. Diese Straße mit den anliegenden Innenhöfen und Gärten gilt als zentraler Treffpunkt (Figur 24 und 25).

Die Geschäftsführung der dvg ist sich darüber im Klaren, daß das Unternehmen vom Einsatz und von der Motivation seiner MitarbeiterInnen abhängig ist. Freude an der Arbeit führt zu Produktivität und Innovation. Dazu ist eine offene Sichtweise nötig. Es wird viel Wert auf den Beitrag der Arbeitsumgebung gelegt, um eine entspannte Atmosphäre zu schaffen. Insbesondere große Flächen mit Innengärten und bepflanzten Terrassen sowie ein freier Ausblick über den angrenzenden Park führt zu einer Atmosphäre, in der sich sehr angenehm arbeiten läßt.

Die Technologie

Die 30 Zonen in dem Gebäude bilden auch die Basis für das IT-Konzept. In einer Organisation, die größtenteils aus Software-Entwicklern besteht, ist es nicht einfach, Standards einzuführen. Fortwährend werden neue Anwendungen entwickelt und sind verschiedene Plattformen nötig, um die Software unter verschiedenen Gegebenheiten testen zu können. In traditionellem Sinne bedeutet dies, daß jeder Arbeitsplatz anders eingerichtet ist. Wie wird dies in dem neuen flexiblen Konzept gelöst?

Die Vielfalt führt dazu, daß es nicht möglich ist, einen unternehmensweiten Standard einzuführen. Es wird eine dreischichtige Angehensweise gewählt. Zunächst gibt es eine Anzahl von Basisanwendungen, wie Lotus Notes, MS Office und Netscape Navigator, die an jedem Arbeitsplatz verfügbar sind. Die spezifische teambezogene Software ist jeweils in der entsprechenden Zone (Business Club) eingerichtet. Das heißt, daß jeder Mitarbeiter in seiner eigenen Zone völlig flexibel ist, was die Benutzung der Arbeitsplätze betrifft. Außerhalb der eigenen Zone kann nur Standardsoftware benutzt werden. Einzige Ausnahme sind Anwendungen, die nur sehr selten gebraucht werden oder von denen die Lizenzen sehr kostspielig sind. Diese Anwendungen sind dann nur

Some men see things as they are and say, why;

I dream things that never were and say, why not. (George Bernard Shaw)

dvg

an speziellen Arbeitsplätzen verfügbar. Um auch hier Flexibilität zu gewährleisten, sind die meisten dieser Anwendungen auf Laptops bzw. auf mobilen Rechner installiert.

Die Digitalisierung der Archivierung und die Kommunikation wird in einem gesonderten Projekt zusammengefaßt. Es wird eine Vorgehensweise gewählt, in der schrittweise Unternehmensverfahren digitalisiert werden:
• weitgehende Aufarbeitung bestehender Papiervorräte (von durchschnittlich 10m auf maximal 2m pro Person),
• externes Aufbewahren von Akten in Papierform, die nicht täglich gebraucht werden,
• Digitalisierung der Post,
• Digitalisierung der Bibliothek,
• Digitalisierung der Arbeitsakten.

Die Zukunft
Das Projekt 'Mobile Working' - das flexible Arbeiten außerhalb des Büros - beginnt mit einem Experiment, in dem eine Anzahl Personen Erfahrungen mit dieser neuen Arbeitsweise sammeln. Auf der Grundlage dieser Erfahrungen wird allmählich das Mobile Working eingeführt. Es wurden insbesondere die folgenden Aspekte untersucht:
• Kommunikation mit Kollegen und der Ablauf von Unternehmensabläufen,
• Einrichtung eines Arbeitsplatzes Zuhause,
• Schutz von Unternehmensinformationen, wenn 'draußen' gearbeitet wird,
• Arbeitsbedingungen und versicherungstechnische Angelegenheiten.

Der Neubau wurde Ende 1999 bezogen. Die übrigen Projekte werden gemäß der Planung im Jahre 2000 und 2001 abgerundet. Durch das flexible Konzept können insgesamt 1.800 statt der vorab geplanten 1.200 MitarbeiterInnen das Gebäude benutzen. Dies bedeutet, daß die Organisation innerhalb ihrer bestehenden Unterbringung noch weiter wachsen kann. Vorläufig werden Teile des Gebäudes an Dritte vermietet. Zusammenfassend kann gesagt werden, daß die dvg mittels eines einzigartigen Projektes alle unternehmensmäßigen Bedingungen ausarbeitet, um als Organisation für den Weg in die Zukunft gerüstet zu sein.

Trespa International

4.3 Trespa International

Trespa ist ein internationales Industrieunternehmen mit Hauptsitz in Weert (Niederlande) und verschiedenen Niederlassungen in Deutschland, Frankreich, Großbritannien, Spanien, den USA und China. Trespa stellt Plattenmaterial her, das einerseits als Fassadenverkleidung und andererseits für Innenanwendungen dient. In Weert befinden sich die Produktionsstätten, wo etwa 300 Personen in der Produktion und etwa 200 Personen im Büro beschäftigt sind.

Seit 1994 ist Trespa, ehemaliges Tochterunternehmen des Hoechst Konzerns, selbständig. Es ist faszinierend zu sehen, wie das Unternehmen aus seinem Hintergrund heraus seinen eigenen Weg in die Zukunft sucht. Unter der Fahne des Change Managements wird an einer ganz neuen Unternehmenskultur gearbeitet. Ziel ist die Stärkung der Konkurrenzposition des Unternehmens in einer sich verändernden Wirtschaft und die Erhöhung der Arbeitszufriedenheit einer jeden Mitarbeiterin und eines jeden Mitarbeiters. Innovative Leitung hat Trespa zu einem neuen Unternehmen gemacht, in dem alle MitarbeiterInnen neue Herausforderungen antreffen. Beachtenswert ist die Zusammengehörigkeit und das Engagement der MitarbeiterInnen aus Fabrik und Büro.

Es wird später auf das Projekt Office Innovation eingegangen. Doch zunächst wird auf den Veränderungsprozeß ausführlich eingegangen. Dieser Prozeß (auch 'Trespa Change Management' genannt) hat Konsequenzen für die Entwicklung der Arbeitsweise und damit auch für das Projekt Office Innovation. Wir sprechen bewußt von einem Veränderungsprozeß, da Trespa sich weiterhin an die verändernden Gegebenheiten anpaßt. Alle Projekte (z.B. auf dem Gebiet der Organisationsentwicklung, Training, Office Innovation und E-Commerce) unterstützen jeweils diesen Prozeß.

Die Hintergründe des Change Managements

Trespa stellt drei wichtige Entwicklungen fest. Diese Entwicklungen wurden in entscheidende Themen übersetzt, die in der täglichen Arbeit zum Ausdruck kommen müssen.

Trespa International

Als erstes gibt es eine Veränderung auf dem Markt. Kunden stellen höhere Forderungen. Produkte und Dienstleistung müssen mehr maßgeschneidert sein, schneller und günstiger angeboten werden. Mit Auftreten des Internets wurde man sich der Tatsache bewußt, daß eine weltweite Konkurrenz entstanden ist und Sicherheiten von heute keine Garantie für die Zukunft bieten. Um sich auf eine natürliche und flexible Art und Weise anpassen zu können ist ein innovatives Arbeitsklima notwendig. Einem innovativem Arbeitsklima kann man eine Form geben, sofern MitarbeiterInnen und Management dies in ihrer Haltung und ihrem Verhalten tagtäglich zum Ausdruck zu bringen wissen. Bei Trespa wird dies auf eindrucksvolle Weise in die Praxis umgesetzt. Kolleginnen und Kollegen gehen auf eine offene und informelle Weise miteinander um. Es gibt keine Tabus und es wird akzeptiert, daß man auch mal Fehler macht. Es gibt kaum eine hierarchische Ordnung. Anstelle dessen wird eine inhaltliche und positive Arbeitshaltung wertgeschätzt. Es gibt nur ein Mindestmaß an Regeln, da diese den Lernprozeß stoppen. Dies alles hat zu einer Kultur geführt, in der die MitarbeiterInnen ein hohes Maß an Zusammengehörigkeit und Engagement bei dem Unternehmen und ihrer Arbeit haben.

Eine zweite Entwicklung ist eine Zunahme der Komplexität der Arbeit. Will man schnell auf die wechselnde Nachfrage vorgreifen können, muß man sich schnell anpassen können. Dies hat Konsequenzen für interne Prozesse und das inhaltliche Aufgabenpaket einer jeden Mitarbeiterin bzw. eines jeden Mitarbeiters. Hierarchische Strukturen und dazugehörige lange Kommunikationswege untergraben das Adaptionsvermögen. Daher wird die Verantwortung für Arbeiten und Projekte den Personen in der Organisation übertragen. Dies geht einen Schritt weiter als Delegieren an sich, da auch die Art der Ausführung freigelassen werden muß. Viele Forderungen werden an die MitarbeiterInnen und das Management gestellt, wenn man auf derartige Art und Weise autonome Verantwortungen der Organisation überlassen will. In erster Instanz hat dies Folgen für das Management. Die Geschäftsführung zieht sich zunehmend aus der täglichen Unternehmenspraxis zurück. Das Managementteam hat eine betreuende Funktion, stellt die Rahmenbedingungen und läßt die MitarbeiterInnen in der Ausführung freien Raum. Durch die Arbeit in wechselnden Teams, Jobrotation und einer breiten Skala an Ausbil-

Strategy:
- Business plan
- Key observations
- Corporate values
- Dominant themes

Culture

Organisation:
- Structure
- Variable salary, incentives
- Training
- Communication style
- Questionnaires

Hardware:
- Structure
- Communication technology
- Document management system
- Workflow management system
- Office concept

Source: Trespa International bv

Fig. 26: Organisational development Trespa International

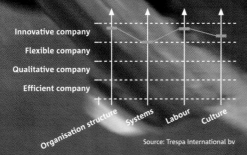

Innovative company

Flexible company

Qualitative company

Efficient company

Organisation structure   Systems   Labour   Culture

Source: Trespa International bv

Fig. 27: Development model Trespa International

dung werden MitarbeiterInnen breiter einsetzbar. Dadurch wird das Lernvermögen der Organisation erhöht und ein innovatives Arbeitsklima geschaffen. Das ist notwendig, um den Anforderungen des sich ständig ändernden Marktes zu entsprechen.

Die dritte Entwicklung ist die Internationalisierung. Die Mehrheit der Kunden hat seine Niederlassungen im Ausland. Jedes Land hat seine eigenen Bräuche und Gewohnheiten. Um sich betreffenden Märkten gut annähern zu können, muß Trespa sich zunehmend internationalisieren. Daher arbeiten bei Trespa Personen mit einer großen Vielschichtigkeit an Hintergründen; 'Corporate language' ist Englisch.

Den Rahmen für alle Entwicklungen bildet ein Aktionsprogramm. Darin wird den Zielsetzungen im Veränderungsprozeß Gestalt gegeben. Es betrifft Aktivitäten auf folgenden Gebieten:
- Organisationsstruktur,
- Personalpolitik,
- eingesetzte Hardware (Büro und Kommunikationstechnologie),
- Kultur.

Während des Programms ist es wichtig, daß alle Aspekte synchron entwickelt werden. Vergleichbar mit einem Strick, den man an vier Seiten längs eines Pfostens nach oben zieht. Die Veränderung aller Aspekte muß gleich stark verlaufen. Es ist beispielsweise unmöglich, einerseits über selbständige Verantwortungen zu sprechen und andererseits Stechuhr und starre Disziplin aufzuerlegen (Figur 26 und 27).

Die Organisationsentwicklung
Die Entwicklungen auf diesem Gebiet haben einen äußerst verfahrensmäßigen Charakter. Es finden zahlreiche Aktivitäten statt, um die Organisation und ihre Struktur auf die Zukunft vorzubereiten. Dabei kann an die Zusammenstellung selbständiger Gruppen und Projektteams gedacht werden. Diese Teams arbeiten auf den Grundlagen von abgesprochenen Rahmenbedingungen autonom an ihrem Auftrag. Dadurch entsteht

Trespa International

As soon as you make a rule, you halt the learning process. (Frank Bronswijk)

eine Netzwerkorganisation, die aus wechselnden Teams besteht. Innerhalb des Teams steht die Zusammengehörigkeit, das Engagement und die Motivation der Menschen im Mittelpunkt.

Auf der Basis des Balanced-Score-Card Prinzips ist ein elektronisches Instrument verfügbar, das die finanzielle Position, den Rahmen und die Leistungsindikatoren der Abteilungen und Projekte transparent macht. Ohne Einsicht in diese Informationen kann man nicht von autonomer Verantwortung sprechen.

Trespa legt wert darauf, daß Menschen aus eigener Kraft und Ambition heraus selbständig Initiativen ergreifen. Das Projektteam E-Commerce wurde beispielsweise auf freiwilliger Basis zusammengestellt. Teams werden mittels reizvoller Zielsetzungen angeregt. So darf ein Team einen Teil der realisierten Projektgewinne selbst aufwenden. Letztendlich wird der Löwenanteil in die Projektentwicklung innerhalb der Abteilungen investiert, die das Projekt unterstützt haben, und nur der Schlußposten wird für einen gemeinsamen Urlaub verwendet.

Personalpolitik und Ausbildung

Intern wird viel Geld für Ausbildungen investiert. MitarbeiterInnen können eine Ausbildung frei wählen. Dadurch entsteht eine diverse Palette an Ausbildungen. Im allgemeinen wird dem Coaching, den Managementfähigkeiten, dem Kommunikationsstil und den Sprachen viel Aufmerksamkeit geschenkt.

Trespa hat variable Arbeitszeiten und zieht sogar in Erwägung, die Arbeitszeitenregistrierung im Produktionsbetrieb abzuschaffen. Ein gemeinsames Verantwortungsgefühl ist vielfach stärker als die Stechuhr. Gehaltsstrukturen sind transparent und für jeden einsehbar. Bereits bei der Werbung neuen Personals wird viel Aufmerksamkeit auf die Motivation und die Frage, welche Erfüllung jemand in seiner Arbeit sucht, gelenkt. Da im Unternehmen Personen mit verschiedenen Hintergründen und Kulturen arbeiten, hat der internationale Charakter auch in der Praxis Gestalt angenommen.

Trespa International

Trends in den Entwicklungen

Um die Trends in der Entwicklung der Organisation einsichtig und verständlich zu
machen, werden in regelmäßigen Abständen Fragebögen ausgefüllt. Die Mitarbeiter-
Innen einer Abteilung, eines Teams oder eines Projektes werden über verschiedene organisatorische Themen befragt. Beispiele sind

- Ist die Strategie bekannt und verständlich?
- Sind die Unternehmenswerte (corporate values) bekannt und verständlich?
- Ist die Managementhaltung operationell oder wird eher auf Leitlinien Wert gelegt?

Derartige Verhaltensindikatoren sind niemals absolut meßbar, lassen jedoch Trends
erkennen. Die Ergebnisse der Fragebögen werden innerhalb der Gruppe valuiert und in
Verbesserungspunkte umgesetzt. Bewußtwerdung vom eigenen und kollektiven
Verhalten ist wichtig!

Entwicklung des Projektes Office Innovation

Innerhalb des Projektes wird das Büro und die zu nutzende Kommunikationstechnologie
auf die zukünftige Arbeitsweise abgestimmt. Das Projekt ist in mehrere Phasen unterteilt. Schritt für Schritt werden alle Abteilungen an dem Projekt beteiligt. Kennzeichnend
für den Entwicklungsprozeß ist, daß ständig ein hohes Maß an Zusammengehörigkeit
und Engagement von Seiten der MitarbeiterInnen besteht und daß die Entwicklung vom
Change Management aus eingesetzt wird.

Der Entwicklungsprozeß beginnt mit einer konzeptuellen Phase in drei Schritten. In dem
ersten Schritt werden die Entwicklungen innerhalb von Trespa und die Zielsetzungen des
Change Managements erklärt und erörtert. In dem zweiten Schritt werden die MitarbeiterInnen gebeten, auf der Basis der vorangegangenen Erklärungen eine Überleitung zur
Arbeit der eigenen Abteilung oder des eigenen Teams zu machen. Dies führt zu prinzi-
piellen und fundamentalen Diskussionen. Folgende Schlußfolgerungen wurden beispielsweise von den MitarbeiterInnen gezogen:

- die Entwicklung der eigenen Arbeit liegt mehr in der Verantwortung des betroffenen
  Mitarbeiters und Teams selbst als in der Verantwortung des Managements,

team area

meeting area

team area

winter garden

Fig. 28: Lay-out Trespa International

- eine Veränderung und Optimalisierung der eigenen Arbeit kann nur dann stattfinden, wenn darüber diskutiert wird und das erfordert Zeit,
- Personen müssen keine Dinge tun, von denen sie den Nutzen nicht einsehen,
- Personen müssen sparsam mit der Zeit ihrer Kolleginnen und Kollegen umgehen,
- Personen müssen über ihre persönlichen Zielsetzungen nachdenken und diese mit den, Zielsetzungen des Unternehmens abstimmen (wie z.B. neue Verantwortungsbereiche, mehr Abwechslung in der Arbeit, größere Flexibilität, mehr freie Zeit, anderes Gehalt).

In dem dritten Schritt wird die betrachtete Arbeitsweise definiert und Konsequenzen der veränderten Arbeitsweise in Forderungen übersetzt, die an das Büro, die Kommunikationstechnologie und die Verfügbarkeit von Informationen gestellt werden.

Nach dieser konzeptuellen Phase folgen eine Planungs- und eine Realisationsphase, in der formulierte Ausgangspunkte ausgearbeitet und materialisiert werden.

Büro

Beim Betreten des Hauptbüros bemerkt man sofort, daß Trespa seine eigene Ansicht über Unternehmensführung hat. Als Besucher kommt man sofort in das kommunikative Herz des Büros. Von hier aus besteht ein direkter Zugang zur Produktion und zu den Büroräumen. Der Besucher wird von einer Empfangsdame empfangen, die ihn in das Trespa Café führt. Dies ist der Treffpunkt für MitarbeiterInnen aus Fabrik und Büro, sowie für externe MitarbeiterInnen. Sehr offen und mitten im Herzen des Unternehmens sind hier ständig Personen auf informelle Art und Weise miteinander im Gespräch. Ein Mitarbeiter aus der Produktion erklärt einem seiner Gäste das funktionelle Ziel des neuen Bürokonzeptes. Neben dem Café befinden sich Besprechungsräume. Diese werden sowohl von Büro- als auch von Fabrikmitarbeitern genutzt.

Angrenzend an das Kommunikationszentrum befindet sich eine Anzahl verschiedener flexibler Arbeitsplätze. Diese werden durch wechselnde MitarbeiterInnen genutzt. Viele arbeiten auch anderswo, so z.B. Zuhause, bei einem Kunden oder in einem internationalen Büro (Figur 28).

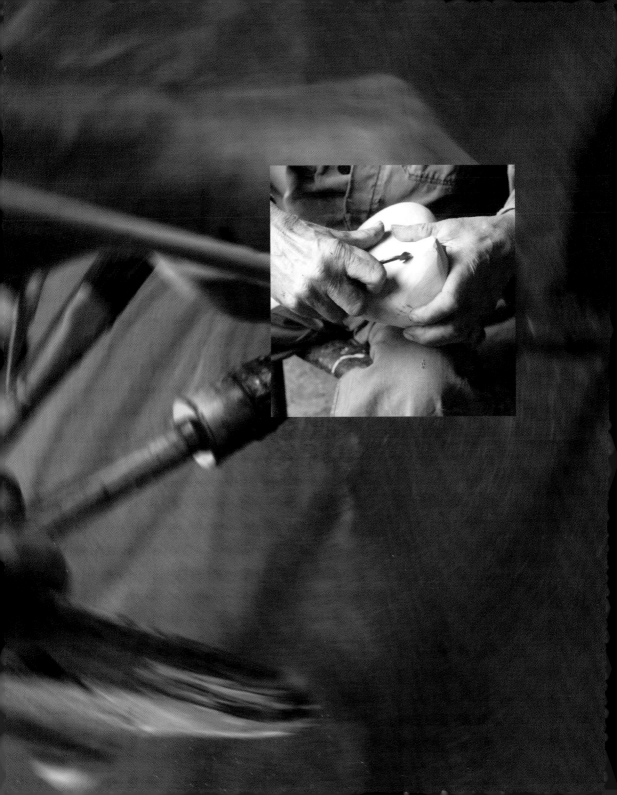

Das gesamte Büro zeichnet sich durch einen fabrikartigen Charakter aus. Betonböden und sichtbare Klimatechnik verweisen deutlich auf die Materialisation der Produktionsumgebung. Grund dafür ist, daß Trespa ein zusammenhängendes Unternehmen ist und nach gleichartiger Kultur gestrebt wird. Der internationale Charakter kommt z.B. mit Hilfe von künstlerischem Schnitzwerk in Türen zum Ausdruck, deren Symbole zu anderen Ländern und Kontinenten verweisen.

Kommunikationstechnologie

Der größte Teil der Unternehmensführung wird digitalisiert. Neben dem benutzten Dokumenteninformationssystems brauchen die meisten MitarbeiterInnen nur noch eine sehr begrenzte Menge Papier. Gleichzeitig wird ein transparentes Netzwerk benutzt, wo jeder von jedem Standort aus seine Daten und Anwendungen heranziehen kann. Dadurch wird es den BüromitarbeiterInnen ermöglicht, platzunabhängig und extern zu arbeiten.

Für den Aufbau einer direkten und schnellen Kundenbeziehung setzt Trespa seine Erwartungen in das Internet. Derzeit können einzelne Großkunden digital Produkte bestellen und die Auftragsabhandlung verläuft ebenso digital.

Die Zukunft

Auf der Grundlage erfolgreicher Veränderungen, die in die Praxis umgesetzt wurden, führt Trespa seine fortlaufenden Entwicklungen fort. Für einen Teil ist dieser Prozeß nicht vorhersagbar, da er von den Initiativen abhängig ist, die spontan entstehen. In jedem Falle gibt es eine Anzahl Interessenbereiche, die bei der weiteren Entwicklung eine hohe Priorität haben. Beispiele sind eine weitreichende Digitalisierung externer Prozesse (Kundenbeziehungen), eine weitere Entwicklung für die Arbeit Zuhause und für das mobile Arbeiten, sowie eine weitere Entwicklung der Zusammenarbeit zwischen den verschiedenen internationalen Niederlassungen.

Imagination is more important than knowledge

(Alfred Einstein)

There is nothing so wasteful as doing with great

efficiency that which doesn't have to be done at all.

As important as it is to have direct contact with

colleagues, it cannot be the reason to force people

to be at the office every day from 9 to 5. Attendance

at the office will become an option. A possibility to

visit a place where you can meet each other in a

pleasant atmosphere and where you can work

together, learn from one another, help and

encourage one another.

4.4 Concept-international

1998 wurde Concept-international als Unternehmensberatung gegründet, spezialisiert auf die Betreuung von Organisationen bei der Einführung neuer Arbeitsmethoden. Als Basis für die Beratertätigkeiten entschied man sich für ein virtuelles Unternehmen.

Der Beginn eines neuen Unternehmens ist natürlich der beste Augenblick, um über die Art und Weise nachzudenken, auf welcher Grundlage dem Unternehmen Gestalt gegeben werden soll. Zwei Themen stehen bei den Überlegungen im Mittelpunkt:
- Die Beziehung zu den Auftraggeber, d.h. die Frage, wie die Kunden am effektivsten betreut werden.
- Die persönliche Ausfüllung der Arbeit, d.h. die Frage, wie Beratungs- und Entwicklungsarbeit am angenehmsten und sinnvollsten ausgeführt werden.

Die Antworten auf beide Fragen führen stets zu Teamgedanken. Auf der einen Seite ist es für die Berater angenehm und notwendig, im Team zu arbeiten. Auf diese Art und Weise können gemeinsam Ideen entwickelt, getestet und realisiert werden. Durch Austauschen und Stimulieren können Ideen wachsen und es wird voneinander gelernt. Für den Auftraggeber ist es am wichtigsten, daß er für sein Projekt ein optimales Team mit Teamspielern zusammenstellt, die den richtigen Hintergrund und die Motivation haben, das Projekt gemeinsam mit dem Auftraggeber zum Erfolg zu bringen.

Das größte Problem ist die Flexibilität. Jedes Projekt hat andere Akzente und erfordert anderes Fachwissen. Die Zusammenstellung eines festen Teams führt dann zu Einschränkungen. Es gilt viel mehr, ein Netzwerk von Experten zu entwickeln, die gemeinsam Teams bilden können, abhängig von der Nachfrage des Auftraggebers. Ein derartiges Netzwerk bildet den Basisgedanken hinter Concept-international.

Die Zusammenarbeit besteht aus einem flexiblen Zusammenspiel von Personen. Die Talente, Interessen, Ambitionen, Qualitäten, Erfahrungen und das Wissen der Personen steht im Mittelpunkt. Darum geht es. Nicht ein Unternehmen steht im Mittelpunkt, sondern die Menschen. Sie bestimmen die Freude, den Erfolg und die Kraft des Teams als Ganzes. Es ist jedoch keine freie, willkürliche Zusammenarbeit. Die treibende Kraft wird

durch die Beziehung untereinander, 'dem Gefühl, daß es paßt' und einer gemeinsamen Vision bestimmt. Besonders die Kreativität, die durch Gespräche und Diskussionen entsteht, sorgt für Begeisterung und Zufriedenheit und stimuliert, neue Wege einzuschlagen und Raum für die persönliche Entwicklung zu entdecken.

Wie bereits erwähnt, entschied man sich für ein virtuelles Unternehmen. Dies ist eine ganz neue Auslegung aller Unternehmensaktivitäten. Persönliche Initiative und Unternehmertum sind die Ausgangspunkte. Alle physischen und formalen Merkmale traditioneller Organisationen wurden sehr kritisch beurteilt und haben letztendlich für eine virtuelle, nicht greifbare Zusammenarbeit Platz gemacht. Die Kraft liegt in der Motivation der Personen einerseits und der digitalen Technik als einzige physische Verbindung andererseits.

Seit Anfang 1998 wurde an der Entwicklung des Netzwerkes gearbeitet. Innerhalb von zwei Jahren wurden mit zahlreichen Personen, in wechselnder Konstellation, Projekte ausgeführt und es wurden Brainstorming-Gruppen gebildet. Vergleicht man das Ergebnis mit traditionellen Organisationen, wird deutlich, daß der Unterschied häufig mit dem Ablegen unnötiger Gewohnheiten und der Konzentration auf den Kern der Zusammenarbeit zu tun hat. Was dies für die Praxis bedeutet, kann anhand von Dingen illustriert werden, die es nicht gibt:
• kein Arbeitsverhältnis
• keine Organisation
• kein Büro

Kein Arbeitsverhältnis

Es gibt kein Arbeitsverhältnis. Jeder ist Unternehmer. Es geht um das Finden der richtigen Form für die gewünschte Zusammenarbeit. Ein Arbeitsverhältnis kann die richtige Form sein, doch sind meist flexible Zusammenarbeitsverhältnisse weitaus sinnvoller und motivierender. In jedem Falle stehen Menschen im Mittelpunkt eines unternehmerischen Kontextes. Dadurch wird die beste Grundlage für maximalen Einsatz und Motivation im Dienste des Kunden geschaffen.

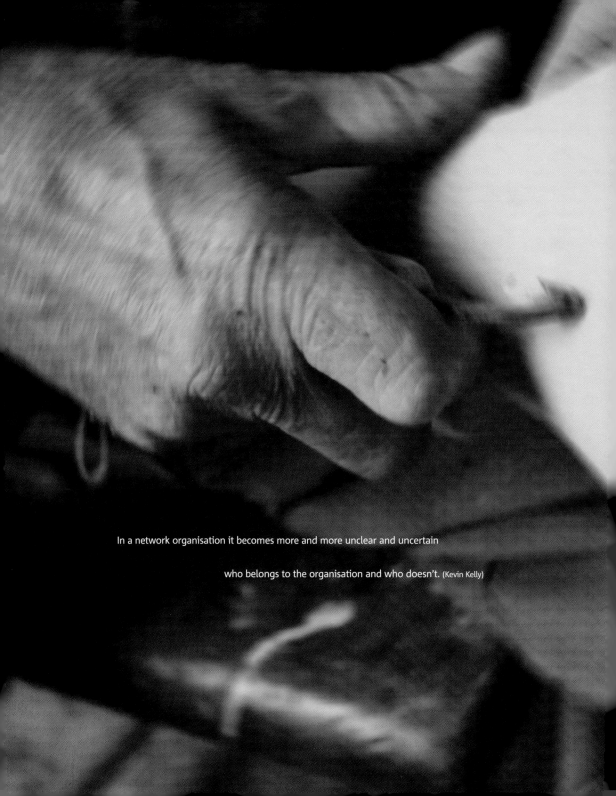

In a network organisation it becomes more and more unclear and uncertain

who belongs to the organisation and who doesn't. (Kevin Kelly)

Keine Organisation

Es gibt keine Abteilungen, keine Hierarchie, kein Business Process (Re-)Engineering. Alle sind Manager, MitarbeiterInnen und Unternehmer, die verantwortlich für den eigenen Beitrag im Team sind. Nur der gegenseitige Gedankenaustausch, das gegenseitige Motivieren und Inspirieren sind wichtig. Es gibt nämlich eine gute Basis, auf der gerne zusammengearbeitet wird. Diese Zusammenarbeit kann unterschiedlicher Gestalt sein. Eine Auftraggeber/Auftragnehmer-Beziehung, oder eine gemeinsame Übernahme von Projektaufträgen.

Zu dem Zeitpunkt, an dem Arbeitsbeziehungen entstehen, werden gegenseitige Absprachen notwendig. Das ins Auge gefaßte Ergebnis der Zusammenarbeit und die Vergütungen dafür sind die wichtigsten Säulen. Besteht eine Vertrauensbasis, so ist nicht viel mehr nötig.

Kein Büro

Natürlich gibt es kein Büro. Überall kann gearbeitet werden. Die Personen treffen sich auch überall. Jeder hat Zuhause seine Vorrichtungen. Die Technologie sorgt dafür, daß jeder über aktuelle Informationen verfügt und daß diese von jedem Standort aus, an dem es einen Internetzugang gibt, zugänglich sind. Natürlich gibt es bevorzugte Plätze, um einander zu treffen. Es ist jedoch auch eine Freude an sich, immer wieder neue Plätze zu suchen und einen Blick für inspirierende Plätze zu haben. Die Veränderung der Umgebung ist ein Brunnen der Inspiration.

Was es sehr wohl gibt!

Wie bereits erwähnt gibt es sehr viel Vertrauen untereinander und alle Technologien sind verfügbar, um optimal kommunizieren zu können. Das ist die wichtigste Grundlage. Weiterhin sind natürlich einige Absprachen notwendig. Die Kernaktivitäten sind juristisch festgelegt und ferner gibt es eine Reihe von Zusammenarbeitsverträgen, die die Zusammenstellung eines schnellen und flexiblen Teams ermöglichen. Schließlich gibt es Projektabsprachen, wenn gemeinsame Projekte durchgeführt werden. Die Formen der Zusammenarbeit sind also wiederholt situationsabhängig und werden von dem speziel-

When it comes to a fully flexible working method,

we ask ourselves if we still need an office. What is

even more interesting however, is the question that

precedes this, namely, how we can best organise

our work making use of the new tehcnology. Let

us give some thought to what would happen if

we actually relinquished our fixed office pattern

(sitting at our desk from 9 to 5). How would we

organise our work then?

len Bedürfnis bestimmt, das sich durch die Umstände und Gegebenheiten anbietet. Es bleibt also offen, wie sich die verschiedenen Zusammenarbeitsformen in der Zukunft entwickeln.

Die technische Grundlage ist auf Vorrichtungen für die Kommunikation und die Mobilität beschränkt: Groupware, Website, Notebook, Mobiltelefon, Auto, Fahrrad und ein Abonnement für die Bahn. Mehr ist heute nicht nötig, um für die Arbeit optimal ausgerüstet zu sein.

Auf diese Art und Weise wurde einem Unternehmen auf ganz innovative Weise Form gegeben. Auf den ersten Blick scheint dies für große Organisationen vielleicht unrealistisch. Die große Motivation und die tägliche Freude an der Arbeit beweisen jedoch, daß dies funktioniert und daß wesentlich mehr Kräfte frei werden, als in traditionellen Zusammenarbeitsstrukturen. Dies ist sicher nicht der richtige Weg für alle Organisationen, aber es ist sicher ein Beispiel, wie es funktionieren kann und es weist eine Richtung, die für viele andere Organisationen neue Perspektiven bieten kann.

Die Zukunft

Auf der Grundlage der Netzwerkstruktur ist ein unendliches Wachstum möglich. Dieses Wachstum ist jedoch kein Ziel an sich und wird auch nicht geplant oder inszeniert. Es gibt nur eine Vision, ein Zusammenarbeitsmodell und einen offenen Blick in die Außenwelt. Abhängig von dem persönlichen Einsatz eines jeden und den Bedürfnissen des Marktes findet eine natürliche Entwicklung statt. Die folgenden Zitate illustrieren die Vision:

- Wir wachsen ständig, aber gleichzeitig schrumpfen wir auch.
- The network is expanding but the junchtions are becomming smaller (John Naisbitt).
- Unlike conventional teams, a virtual team works across space, time and organizational boundaries with links strengthened by webs of communication technologies (Jessica Lipnack and Jeffrey Stamps).

JE NE CHERCHE PAS,

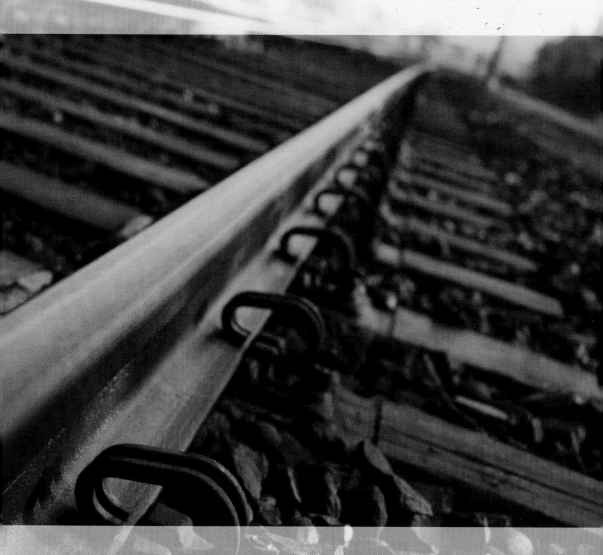

E TROUVE

Pablo Picasso

Go… not knowing where,
Bring… not knowing what,
The path is long, the way unknown

Russian Fairy Tale

5.   Vorgehensweise

Worum geht es?

Auf der Grundlage des entwickelten Modells in Kapitel 3 kann jede Organisation bestimmen, wo sie steht und was ihr Ziel ist.

Es kann sein, daß man ganz am Anfang steht und so schnell wie möglich große Schritte machen will. Es kann auch sein, daß man ereits auf dem IT-Gebiet etwas weiter ist, auf organisatorischem Gebiet jedoch relativ zurückliegt. So gibt es natürlich zahlreiche möglichen Varianten. Im Wesentlichen macht es jedoch nichts aus, wo man steht. Das wichtigste ist, daß man sich traut, in den Spiegel zu blicken und festzustellen, wo man steht. Daraufhin gilt es, Prioritäten zu setzen und einen Entwicklungsweg aufzustellen.

Wie schnell man entwickeln kann ist von der herrschenden Unternehmenskultur und verfügbaren Investitionsmöglichkeiten abhängig. Ist man überzeugt und die finanziellen Mittel sind ausreichend, wird man häufig erstaunt darüber sein, wie schnell man entwickeln kann. Sehr wichtig dabei ist die Art und Weise, auf die man die Personen in die Entwicklung miteinbezieht, oder anders ausgedrückt, wie man die Organisation sensibilisiert, Schritte zu wagen und Grenzen zu verlegen, denn darum geht es schließlich.

Die meisten Organisationen sind derzeit damit beschäftigt, sich von Phase 1 des Modells zu Phase 2 hin zu entwickeln, d.h. von starren hierarchischen Strukturen zu flexiblen einfachen Strukturen. Auch sind fast alle Organisationen an verschiedenen Fronten mit der Entwicklung integrierter Kommunikationssysteme beschäftigt, wobei Informationen zugänglich und kommunizierbar gemacht werden. Schließlich sind auch viele Organisationen bereits damit beschäftigt, die Aspekte Raum und Zeit in eine neue Perspektive zu bringen, beispielsweise durch die Einführung eines flexiblen Bürokonzeptes, Telearbeit oder durch die Ausweitung der Betriebszeiten.

Noch relativ wenige Organisationen befinden sich in Phase 3. Diese Entwicklung steckt noch in den Kinderschuhen, obgleich die ersten Ansätze häufig bereits vorhanden sind. Wir denken dabei an die Einführung des Unternehmertums in Organisationen, die freie Bestimmung über Ort und Zeit, d.h. wo und wann die Arbeit verrichtet wird, und das Realisieren von völlig integrierter Groupware und E-Commerce Anwendungen.

Diese letzten Entwicklungen sind zwar tiefgreifend aber auch eine logische Folge auf die anderen Entwicklungen. Werden die Schritte mit Überzeugung angegangen, sind auch diese letzten Entwicklungen Teil eines natürlichen Entwicklungsprozesses.

Wie mutig muß man sein?

Die Antwort auf die Frage nach der Motivation ist zweideutig. Einerseits hat es mit persönlichen und wirtschaftlichen Aspekten zu tun, andererseits sind es rein geschäftliche Überlegungen.

Wir beginnen mit den ersten Überlegungen. Warum sind wir heute häufig damit zufrieden, brav unsere Zeit im Büro abzusitzen, täglich von neun bis fünf unsere Routinearbeit pflichtbewußt abzuarbeiten? Einerseits ist es wahrscheinlich Bequemlichkeit oder Angst, Dinge zu ändern oder auch nur die komplizierte bürokratische Struktur, in der wir leben, die es nahezu verhindert, Dinge fundamental zu ändern. Der Mensch ist ein Gewohnheitstier. Innerhalb einer festen Umgrenzung fühlen wir uns sicher und wir haben es bequem. Aber ist es wirklich so? Geht nicht viel Zeit damit verloren, daß wir um unsere Position bangen? Ist es nicht so, daß jede Veränderung eine Bedrohung darstellt und arbeiten wir nicht alle daran, aus genau diesem Grunde diese Veränderungen aufzuhalten?

Die scheinbar sichere Situation führt daher auch zu viel Streß und negativer Energie. Tatsächlich können wir hier also keine Befriedigung erlangen. Was ist nötig, um es anders zu machen? Zuerst ein visionäres Management, daß die Richtung weist und

It's the business of the future to be dangerous. (Alfred North Whitehead)

Standhaftigkeit hat, um den Kurs bei Rückschlägen beizubehalten. Daraufhin muß Raum geschaffen werden, um Personen die Möglichkeiten zu geben, auf die Entwicklungen selbst Einfluß zu nehmen.

Der geschäftliche Grund für die beschriebene Entwicklung liegt in der Produktivität der Personen und in dem gewaltigen Entwicklungspotential einer kreativen Zusammenarbeit. Auch wenn wir alle hart arbeiten ist der Mehrwert unseres Einsatzes häufig eingeschränkt.

Es mangelt häufig an Raum für Kreativität und Unternehmertum. Obwohl viele diese Talente haben und dies auch in ihrer Freizeit zeigen, wird der Tag im Büro nur in sehr eingeschränktem Maße genutzt, um neue Ideen zu entwickeln und auszuführen und dabei alle Talente, Qualitäten, alles Wissen und alle Erfahrungen zu benutzen. Hier liegt also eine geschäftliche Chance und auch eine Bedrohung. Wenn wir nämlich die Chance nicht nutzen, werden unsere Konkurrenten uns schnell zeigen, wie es geht und wir haben letztendlich das Nachsehen. Es ist hierbei vor allem die Internettechnologie, die den entscheidenden Ausschlag gibt. Die es tatsächlich jeder Organisation unmöglich macht, die Augen vor den Entwicklungen zu verschließen. Die gesamte Unternehmensführung vom Kundenkontakt, über Vertrieb, bis zur Produktion, Personal, Organisation und Einkauf wird fundamental in eine andere Perspektive gerückt.

Um einen Eindruck von der Vorgehensweise von Entwicklungspozessen zu bekommen, kann von den Pionieren auf diesem Gebiet gelernt werden. Die Beispiele sind in diesem Buch aufgeführt. Die zwei wichtigsten Aspekte, welche den Erfolg der Entwicklung beeinflussen, sind:
• Überzeugung
• Zusammengehörigkeit und Engagement

Überzeugung
Besonders in der Vorphase ist es sehr wichtig, daß sich eine Organisation gut auf die Chancen und Bedrohungen einer derartigen Entwicklung orientiert. Dazu ist es notwen-

dig, Referenzprojekte zu besuchen und sich von dem möglichen Ausmaß der Entwicklungen ein Bild zu machen.

Darüber hinaus ist es wichtig, interne Diskussionen über die eigene Position und Zukunftsvision zu führen, so daß letztendlich eine sehr bewußte Wahl und Entscheidung für den Projektstart und die spezifischen Zielsetzungen, die dabei realisiert werden müssen, getroffen werden kann.

Es ist nicht verwunderlich, daß während eines Entwicklungsprojektes häufig Rückschläge zu verzeichnen sind und Zweifel entstehen. Dann ist es von enormer Bedeutung, daß das Unternehmen Standhaftigkeit zeigt und keine Kompromisse an die Zielsetzungen eingeht. Natürlich können die Zielsetzungen auf der Grundlage fortschreitender Einsicht nach und nach angepaßt werden. Es ist jedoch fatal, durch Kompromisse Widerstände zu überwinden. Auf die Art und Weise wird ein Mangel an Überzeugung sichtbar und dies hat eine de-motivierende Wirkung auf alle Betroffenen.

Zusammengehörigkeit und Engagement

Ein zweiter sehr wichtiger Aspekt ist die Kommunikation mit der Organisation während der ganzen Durchlaufzeit des Projektes. Ein Entwicklungsprozeß kostet Zeit und der Erfolg steht und fällt mit der Motivation der Betroffenen.

Nicholas G. Carr beschreibt in seinem Artikel 'Being Virtual, Character and the New Economy' (HBR, May-June 1999), die Position des Menschen als Person in der sich verändernden Umgebung. Die Einleitung des Artikels zeigt sehr deutlich, wie viele Menschen Veränderungen erleben:

'Every day we are told that companies need to be flexible, adaptable, agile. Faced with impatient investors, capricious customers, and unpredictable competitors, they have to be in a constant state of regeneration, shukking off old strategies and structures, shedding old products, developing new skills. In the new economy, any business that stands still is finished.

talk

Who the hell wants to hear actors talk? (Warner Brother's H.M. Warner, 1927)

We are also told that all of us work in business -whether as executives on the top floor or as clerks on the sales floor- have to embrace the turbulence. We have to go with the flow, slipping from assignment to assignment, from team to team, from company to company, without ever hesitating or looking back. And we have to take charge of our careers, reinventing ourselves as free agents, or 'e-lancers'.

These changes can all sound exhilarating. But, if thruth be told, they can all seem distant as well. For most of us, the freewheeling new economy remains more theory than fact. We read about companies that have turned themselves inside out, but when we arrive at our own places of work every morning, our jobs look pretty much the way they did when we left them the evening before. We sit at the same desk or stand at the same machines. We use the same skills to do the same tasks for the same bosses. Our companies sell the same sorts of things to the same sorts of customers in the same sorts of ways. We may hear slogans about empowerment and change, but the old hierarchies still look fairly solid, and commands and rewards still flow down well worn channels'.

Diese Beschreibung der Atmosphäre trifft sehr gut die Wirklichkeit an vielen Orten um uns herum. Es ist die Kunst, diese Stimmung zu durchbrechen. Lisa Joronen von Sol in Helsinki hat als Leitgedanke folgendes Motto: 'kill the routine, before it kills you'. Damit hat sie eine unvorstellbare Umwandlung in ihrem Unternehmen verwirklicht. In einem kurzen Zeitraum veränderte sie ein gänzlich traditionell geführtes Unternehmen zum fortschrittlichsten Unternehmen unserer Zeit.

Dies war Anfang der neunziger Jahre und noch immer kommen Besucher von weit her gereist, um sich davon zu überzeugen, wozu die MitarbeiterInnen von Sol in der Lage sind. Jede Mitarbeiterin und jeder Mitarbeiter ist für die Ergebnisse ihrer/seiner Arbeit verant- wortlich. Diese Ergebnisse werden gemessen und die Personen werden aufgrund dieser Ergebnisse beurteilt. Die Motivation ist ungewöhnlich hoch, die finanziellen Ergebnisse sind beispiellos und die Arbeitsatmosphäre ist sehr entspannt. Jeder hat die Verantwortung und die Freiheit, seine eigene Arbeit zu planen. Es gibt keine festen Arbeitszeiten, die

MitarbeiterInnen sind nicht verpflichtet, ins Büro zu kommen, das Büro ist an sieben Tagen in der Woche und 24 Stunden am Tag geöffnet. Die Personen bestimmen selbst, wann sie kommen. Das einzige, was zählt ist das Ergebnis und die Arbeitsatmosphäre.

Um einem jeden die Gelegenheit zu bieten, sich auf die Veränderungen vorzubereiten, ist eine frühzeitige Einbeziehung aller Betroffenen notwendig. In erster Instanz soll dabei Raum für die Äußerung von Anmerkungen und kritischen Bemerkungen sein. Auf die Art und Weise kann ein offenes Verhältnis und eine Atmosphäre der Zusammengehörigkeit entstehen. Gleichzeitig soll dies dazu führen, daß Personen an den Vorbereitungen beteiligt sind. Jeder trägt seinen Teil dazu bei, da jeder durch die Entwicklung betroffen wird und der Einsatz von allen ist für eine erfolgreiche Ausführung notwendig.

Besonders Workshops sind ein gutes Mittel, Informationen auszutauschen, zu diskutieren und Personen zu begeistern. Letztendliches Ziel ist es, daß die Entwicklung von der Organisation selbst getragen wird. Das bedeutet, daß die Projektverantwortlichen nach und nach die Verantwortung an die Organisation übertragen. Nur dann kann eine Veränderung tatsächlich zu einem beständigen Ergebnis führen.

tell me and I'll forget
show me and I'll remember
involve me and I'll understand
Konfuzius

THE FUTURE IS TO CREATE IT

Peter Drucker

It's good to have an end
to journey toward,
but it is the journey
that matters, in the end

Ursula K. Le Guin

If we knew what we are doing, it would not be called research, would it? (Alfred Einstein)

Bibliographie

- Ansink, Jeroen. Beleggen via internet is splijtzwam binnen Merril Lynch. FEM De Week, Financieel Economisch Magazine, 14 augustus 1999.
- Carr, Nicholas. Being Virtual: Character and the New Economy. In: Harvard Business Review, May-June 1999 (http://www.hbr.org/forum).
- Center for Coordination Science (MIT Sloan School of Management), 'Inventing the Organizations of the 21st Century' (http://ccs.mit.edu/21c), slide-presentation.
- De Bruyn, Manu en Roger. Creativiteit Alfa Omega. Creatief Atelier Windekind. Antwerpen 1999.
- Den Hertog, Friso en Huizenga, Edward. De Kennisfactor. Concurreren als kennis-onderneming. Kluwer bedrijfsinformatie, Deventer 1997.
- Deutscher Internet Kongress. Internet, mit E-Commerce zum wirtschaftlichen Erfolg. Irene Heinen. Karlsruhe, 1999. Heidelberg: dPunkt-Verlag, 1999.
- Fraunhofer-Gesellschaft. Innovationsoffensive OFFICE21®. Stuttgart, 1999 (http://www.office21.de).
- Gates, Bill. Business@ The Speed of Thought. Warner Books, 1999. SoftBook Press (eBook). www.speed-of-thought.com.
- Hagel, John and Singer, Marc. Net Worth: Shaping Markets when Customers Make the Rules. Harvard Business Press, 1999.
- Hamel, Gary and Prahalad, CK. Competing for the future. Harvard Business School Press, 1995.
- Hammer, Michael. Beyond Reengineering. Harper/Collins, 1996.
- http://www.cyberquotations.com (diverse Zitate).
- http://www.ozemail.com (diverse Zitate).
- Intermediair. Hoeveel is de werkvloer waard. Jaargang 35, nummer 25, 24 juni 1999.
- Kelly, Kevin. New Rules for the New Economy. Viking Penguin, New York, 1998.
- Krugman, Paul. The Return of Depression Economics, 1999.
- Lipnack, Jessica and Stamps, Jeffrey. Virtual Teams: Reaching Across Space, Time, and Organizations with Technology. John Wiley, 1997.

- Malone, Thomas and Laubacher, Robert. The Dawn of the E-Lance Economy. In: Harvard Business Review Nr. 5, september/oktober 1998.
- NRC Handelsblad. Blair: Britten naar top Internet-handel en Topondernemers vragen vrijheid. Rotterdam, 14.09.99.
- Semler, Ricardo. Turning the tables. Times Books, New York 1993.
- Sennet, Richard. The Corrosion of Character: The Personal Consequences of Work in the New capatalism. W.W. Norton & Company, New York, 1998.
- Shapiro, Carl and Varian, Hal. Information Rules, A Strategic Guide to the Network Economy, 1999 (http://www.haas.berkeley.edu).
- The Economist. Internetspecial, Juli 1999.
- The Vision Web. The Vision Web. Delft 1998 (www.thevisionweb.com).
- Veldhoen, Erik and Piepers, Bart. Kantoren bestaan niet meer/The demise of the office. 010 Publishers, Rotterdam, 1995.
- Wetlaufer, Suzy. Organizing for Empowerment: An Interview with AES's Roger Sant and Dennis Bakke. In: Harvard Business Review, January-February 1999.

Humour is by far the most significant behaviour of the human mind. Why has it been so neglected by traditional philosophers, psychologists and information scientists? Humour tells us more about how the brain works as mind, than does any other behaviour of the mind - including reason. It indicates other thinking methods, something about perception, and the possibility of changes in perception. It shows us that these changes can be followed by instant changes in emotion - something that can never be achieved by logic.

Humour is so significant because it is based on a logic very different from our traditional logic. In traditional (Aristotelian) logic there are categories that are clear, hard-edged and permanent. We make judgements as to whether something fits into a category or not. This is labelled rock logic.

Imagine your path of thinking following definite paths. There are potential side-paths but these have been temporarily suppressed by the dominant track. If 'somehow' we can manage to get across from the main track to the side-track, the route back to the starting point is very obvious. This moving sideways across tracks is the origin of the term 'lateral thinking'. If 'somehow' with which we might cut across patterns is the essence of humour and is provided in deliberate creative thinking by the actual techniques of lateral thinking, such as provocation.

The significance of humour is precisely that it indicates pattern-forming, pattern asymmetry and pattern-switching. Creativity and lateral thinking have exactly the same basis as humour.

(Edward de Bono in: I am right, you are wrong)

Webseiten

Wenn wir uns Webseiten ansehen, müssen wir uns stets darüber im Klaren sein, daß nur der öffentliche Teil sichtbar ist. Werden Webseiten gleichzeitig für Unternehmensprozesse innerhalb bestimmter Benutzergruppen benutzt, bleibt der letzte Teil für Dritte natürlich nicht zugänglich. An dieser Stelle finden Sie einige Beispiele von Webseiten.

- www.acnielsen.com
- www.baan.com
- www.bcg.com
- www.biomednet.com
- www.concept-int.com
- www.daytraders.com
- www.dvg.de
- www.ford.com
- www.lotus.com
- www.netage.com
- www.newbusinessdimensions.com
- www.news.com
- www.office21.de
- www.overheid.nl
- www.thevisionweb.com
- www.trespa.com
- www.valkieser.nl

Realisierung

Folgenden Personen haben bei der Entwicklung der in dem vorliegenden Buch aufge-
nommenen Projekte einen großen Beitrag geleistet:

The Vision Web, Delft (NL):
Eric van Mieghem, Fred Pols, Theo Punter und Eddy Vermeire (jeweils The Vision Web).

dvg Datenverarbeitungsgesellschaft, Hannover (D):
Klaus-Peter Kubiak, Claudia Seidel, Paul Saalfeld, Lars Nebert, Carsten Kohn, Torsten Arndt,
Axel Boecker, Elisabeth Geers, Regina Kolodzyk, Sven Andersen, Claudia Heine, Jürgen
Golombek, Bernhard Casper, Peter Klingbeil, Julia Andrae, Volker Bursch (jeweils dvg),
Peter Kern (Fraunhofer-Gesellschaft), Susanne Koester (Congena), Bart Piepers, Marcel
Storms, Geert Krekel (jeweils Concept-international).

Trespa International te Weert (NL):
Frank Bronswijk, Sjaak Bisschops, Math Weegels, Bert Winters, Hans Harlé, Marco
Beelen, Dianne Lamers (jeweils Trespa International), Chris Paghen (AGS Architekten),
Dirk Knuttel (Veldhoen Facility Consultants), Henk Hermens (Bauberater), Bart Piepers,
Marcel Storms (beide während Phase 1 als Mitarbeiter bei Veldhoen Facility
Consultants).

Concept-international, Maastricht (NL):
Bart Piepers und Marcel Storms (beide Concept-international).

Inspiration

Während der Entwicklung der vorliegenden Publikation, haben Brainstorming-Sitzungen und Gespräche mit Menschen stattgefunden, die selbst an den beschriebenen Entwicklungen beteiligt sind. Die Autoren wollen den folgenden Personen für ihren kreativen Beitrag, ihre Tips hinsichtlich des Lesens von Konzepttexten, und vor allem für den großen Beitrag an Inspiration danken.

Frank Bronswijk

Als Geschäftführer ist Frank Bronswijk verantwortlich für die Unternehmensführung, die Organisationsentwicklung, sowie den Bereich Marketing & Sales bei Trespa International. Besonders die durch ihn eingeführte Entwicklung des Change Managements hat er eine große Wirkung auf die Entwicklung der Organisation. Auf überzeugende und erfolgreiche Art und Weise ist er ständig mit der Erneuerung und dem Coaching beschäftigt. Unter dem Motto 'No Rules' spricht er Menschen auf ihre Kreativität und ihre Arbeitshaltung an und motiviert sie bei dem Ergreifen von Initiativen und dem Übernehmen von Verantwortung. Er ist gleichzeitig Initiator und treibende Kraft hinter dem Projekt Trespa Office Innovation.

Harald Heinz

Harald Heinz ist Mitinhaber des Planungsbüros Heinz & Jahnen. In seiner Arbeit ist er sehr weitläufig orientiert und verfügt über weitreichende Erfahrungen auf dem Gebiet des Städtebaus und der Architektur. Auf der Grundlage einer philosophischen Betrachtung und einer sozialen Verbundenheit ist er mit seinem Fachgebiet grenzüberschreitend beschäftigt. Spezifisch zielt er auf die neuen Möglichkeiten auf dem Gebiet der Informationstechnologie und die daraus resultierenden Konsequenzen für die Gestaltung der Lebens- und Arbeitsumgebung ab.

Klaus-Peter Kubiak

Als Geschäftsführer der dvg in Hannover ist Klaus-Peter Kubiak verantwortlich für das Projekt dvgOFFICE21®. Es ist seine Überzeugung, die an der Basis des Projektes ansetzt und die den Durchschlag während der kritischen Phasen in der Entwicklung des Projektes gegeben hat. Seine konsequente Verbundenheit und Inspiration war für alle Projektteilnehmer eine wichtige Stütze. Es ist letztendlich seine Vision und Beharrlichkeit, die zu einem einzigartigen Konzept und darüber hinaus zu einer hervorragenden Architektur geführt haben.

Herman Scheeper

Herman Scheeper verfügt über mehr als 20 Jahre Managementerfahrung innerhalb der verschiedenen Eisenbahn-Unternehmensteile. Besonders seine Arbeit in der Organisationsentwicklung, den sozialen Angelegenheiten und in der Innovation verdienen besondere Beachtung. Seine Erfahrungen und sein Gefühl für menschliche Emotionen setzt er bei der Begleitung von Veränderungsprozessen ein. Derzeit ist er mit der Entwicklung der Unternehmenskultur und internen Kommunikation von NS Materieel beschäftigt.

Claudia Seidel

Claudia Seidel ist als interne Projektleiterin der dvg seit Beginn des Projektes dvgOFFICE21® tägliche Triebkraft, die ständig an vielen Fronten gleichzeitig aktiv ist, um das Projekt immer wieder aufs neue einen Schritt weiterzubringen. Wie keine andere ist sie in der Lage, neue Konzepte zu interpretieren und mit viel Engagement in die Praxis umzusetzen.

Harold van Ingen

Harold van Ingen ist seit fünf Jahren, als Geschäftsführer von ISB Internet Service Buro, Unternehmer auf dem Gebiet von Internetanwendungen. Als engagierter technischer Experte und Internetvorreiter der ersten Stunde verfügt er über Erfahrungen in der Entwicklung von Webseiten. Derzeit konzentriert er sich auf die Integration von E-Commerce Anwendungen und Groupware.

Eric van Mieghem

Eric van Mieghem ist Mitbegründer von Solvision und The Vision Web. Der große Erfolg dieser Unternehmen ist dem Mut und Durchsetzungsvermögen von ihm und seinen KollegInnen, neue Wege einzuschlagen, zu verdanken. Als Entdeckungsreisender mit der eigenen Überzeugung als wichtigstes Instrument hat er in kurzer Zeit sehr viel erreicht. Bemerkenswert ist die Offenherzigkeit seiner Person und seiner Offenheit in der Unternehmensführung von The Vision Web. Mit offenem Blick für die Außenwelt wird die Netzwerkorganisation entwickelt.

Hein van Stiphout

Hein van Stiphout verfügt über Managementerfahrungen auf dem Gebiet der Immobilienentwicklung, -investition und -innovation. Mit offenem Geist und einer großen Vision macht er sich für Erneuerungen im Immobilienbereich stark. Er hat so als interner Projektleiter mit viel Hingabe und Durchsetzungsvermögen die Einführung eines flexiblen Bürokonzeptes bei NS Vastgoed zum Erfolg gebracht. Seit 1999 ist er Mitarbeiter bei IBC Vastgoed und verantwortlich für die Entwicklung neuer Konzepte und für das Zusammenführen von Parteien in komplexen Entwicklungsprozessen.

The best thing about the future is that it comes only day at a time. (Abraham Lincoln)

future

Autoren Vorwort

Peter Kern

Peter Kern ist Professor auf dem Gebiet der Arbeitswissenschaften und Direktor des Instituts für Arbeitswirtschaft und Organisation der Fraunhofer-Gesellschaft. Er genießt ein hohes Ansehen auf dem Gebiet der Arbeitsplatzforschung und Beratung großer Organisationen. Er ist gleichzeitig Initiator und Projektleiter des Forschungsprojektes OFFICE21®. Darin haben sich Dutzende von führenden Unternehmen zusammengeschlossen, um den Arbeitsplatz der Zukunft zu untersuchen. Mit offenem Blick für den gesamtwirtschaftlichen Kontext und auf überzeugende und sympathische Art und Weise gestaltet er die Entwicklungen.

Jessica Lipnack und Jeffrey Stamps

Jessica Lipnack und Jeffrey Stamps sind Mitbegründer von NetAge Inc., West Newton (USA) (ehemals: The Networking Institute). NetAge ist eine innovative Consultancy-Praxis, welche eine breite Skala an Projekten für renommierte Unternehmen wie Apple Computers, AT&T, BankBoston und Shell Oil realisiert hat. Jessica Lipnack und Jeffrey Stamps werden weltweit als Experten auf dem Gebiet der Entwicklung und Implementierung von Teamstrukturen und virtuellen Organisationen geschätzt. Hierbei wird moderne Technologie als strategisches Instrument eingesetzt. Beide sind Autoren verschiedener Bücher, wie u.a. Virtual Teams: working across space time and organizations.

Design: Dewi Thomassen, CQ Communications, Maastricht, NL
Fotos: Ewout Huibers, Studio Koenders, Best/Eindhoven, NL
Zeichnungen: Joachim Tiemann, Architekt te Aachen, D
Übersetzung: MIC Maas International Copywriting, Reuver, NL
Druck: Drukkerij Keulers, Geleen, NL
Autoren: Bart Piepers und Marcel Storms,
                Concept-international, Maastricht, NL
                info@concept-int.com
                www.concept-int.com
Herausgeber: avedition, Ludwigsburg, D
                Tel +49/7141 1477391
                kontakt@avedition.de
                www.avedition.de

THERE IS NOTHING PERMANENT

XCEPT CHANGE

Heraclitus 450 BC

Special thanks to Elly, Hélène and Jasper.

deutsche Ausgabe:

www.newbusinessdimensions.com
Verwandeln Sie Ihr Büro in ein virtuelles Unternehmen
avedition, Ludwigsburg D
ISBN 3-929638-35-5

englische und niederländische Ausgabe:

www.newbusinessdimensions.com
Turning your office into a virtual enterprise
www.newbusinessdimensions.com
Maak van uw kantoor een virtuele onderneming
BIS Publishers, Amsterdam NL
ISBN 90-72007-56-5